BREATHING SPACE

Raum, Klang, Installation und Skulptur
space, sound, installation and sculpture

Clara Oppel

Verlag für moderne Kunst

INHALT / CONTENTS

INNERE UND ÄUSSERE RÄUME

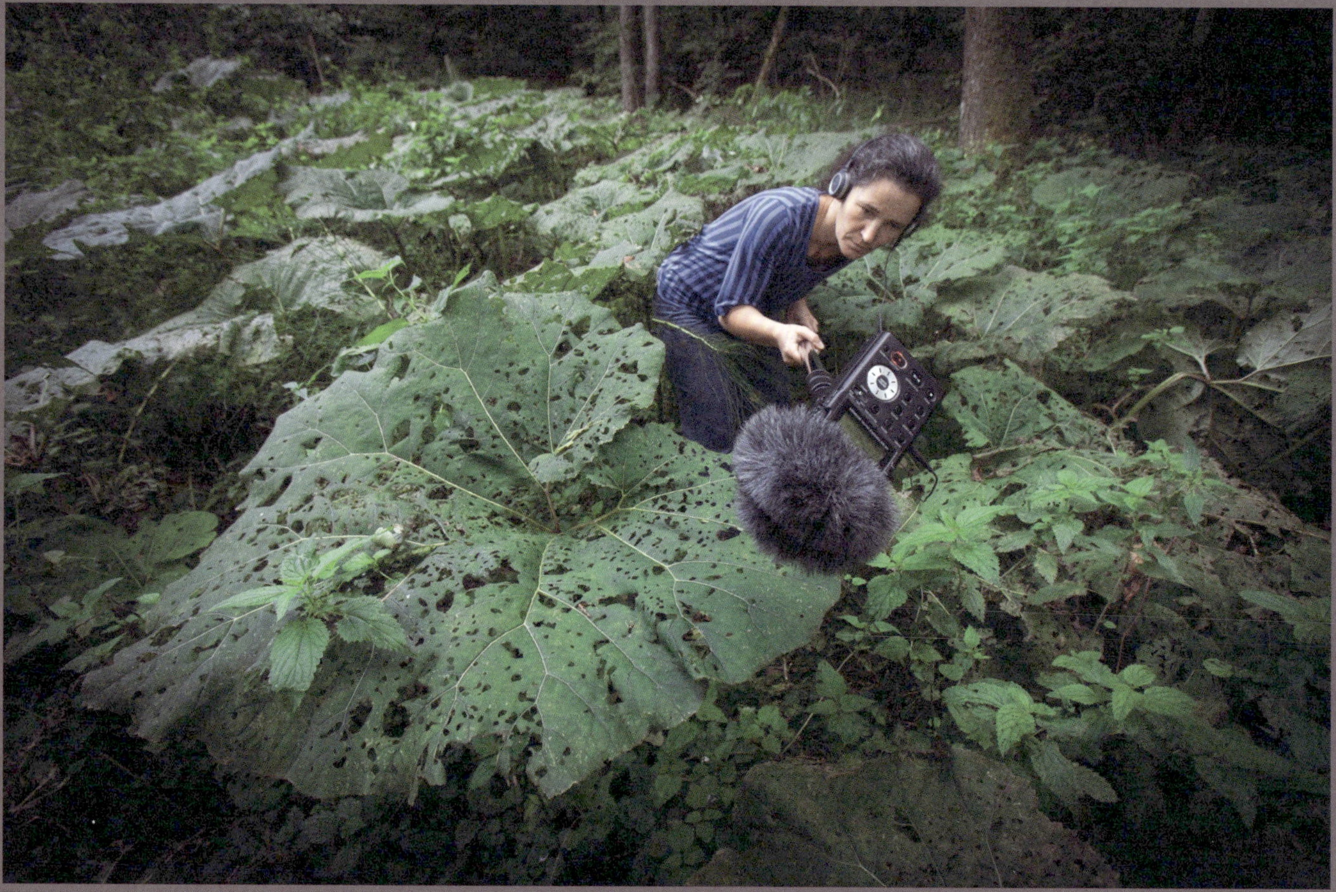

Text: Florian Neuner

Innere und äußere Räume

Anmerkungen zu Clara Oppels Klangkunst

Wie klingt Kunst? Nun, meistens gar nicht. Die traditionelle Malerei und Bildhauerei kennt keine Tonspur. In den Tempeln der Kunst war es bis vor kurzem still, oft sogar andächtig still, und allfällige Geräusche hatten Quellen, die außerhalb der Kunstwerke gesucht werden mussten. Sie waren jedenfalls kein Teil der Konzeptionen der in diesen Hallen ausstellenden Künstler. Freilich vermag auch die traditionelle, vor den Avantgarden des 20. Jahrhunderts und ihrer medialen Entgrenzung entstandene Kunst durchaus die akustische Vorstellungskraft anzuregen: Wie mag die Geräuschkulisse sich anhören, die man sich zu den dargestellten Szenen ja vorstellen kann? Wie mag der Sturm geklungen haben, den der Maler vielleicht vor Ohren hatte beim Malen des Seestücks, oder der Schlachtenlärm, wie die Soundscape der Kirmes oder die schnaubende Dampflokomotive? Dass es aber hauptsächlich darum gegangen sei, dass die Bilder gar nur als Folien gedacht gewesen sein könnten, diese Fantasien des inneren Ohrs auszulösen, wird niemand behaupten. Es ist hier die Rede von einem Nebenaspekt. Es ist aber nicht überflüssig sich bewusst zu machen, dass Klang und Kunst noch nicht so lange verschwistert sind und von Klangkunst erst seit vergleichsweise kurzer Zeit die Rede ist.

Die Klangkünstlerin Clara Oppel versteht ihr Handwerk. Das ist auf diesem Gebiet keine triviale Feststellung. Denn Klangkunst ist ein Begriff mit unscharfen Rändern. In der Klangkunst nähern Zeit- und Raumkunst sich einander an, ja durchdringen sich. Der Klang ist losgelöst von der konzertanten Aufführungssituation, aber auch von Tonträgern, wo die musikalischen Ereignisse einen definierten Anfang und ein definiertes Ende haben, und er ist eingebettet in einen gestalteten Raum, in dem – anders als in Konzert-

Inner and outer spaces

Notes on Clara Oppel's sound art

What does art sound like? Well, mostly it doesn't sound at all. Traditional painting and sculpture don't have an audio track. Until recently, the temples of art were silent, often almost devoutly silent, except for banging doors and so on – sounds that didn't come from the works of art. Such sounds were certainly not part of the creative conception of the artists being exhibited in the hallowed halls. That's not to say that even traditional art, art created before the avant-garde productions of the 20th century abandoned all borders, couldn't or didn't arouse the auditory imagination. Of course it did. How might it have sounded - a storm at sea, the hurly-burly of a battle, the rowdiness of a country fair, or the rumbling, screeching and snorting of a steam train? But nobody would maintain that artists formerly painted only to trigger the fantasies of the viewer's inner ear. Sound associations used to be at most a secondary aspect. But the amalgamation of sound and art is something quite different, and the term sound art is comparatively very new.

The sound artist Clara Oppel really knows her craft, which is not necessarily the case in a field like sound art, where the concept sometimes has fuzzy edges. In sound art, creative parameters like time and space come into close contact, and in fact intermingle. Sound here is detached from a performance situation, and in fact from any sort of context where musical events have a defined beginning and a defined end, as with a recording. Sound here is embedded in a constructed space in which – unlike in concert halls – absolutely any perceivable aspect can acquire significance – even when the creators of a sound installation only set up some loudspeakers and connect a few cables. This observation is as trivial as it has enormous implications, which sound artists just can't help

sälen – allem, was zu sehen ist, Bedeutung zugeschrieben wird, auch dann, wenn die Urheber einer Klanginstallation eigentlich nur ein paar Lautsprecher aufhängen wollen und Kabel verlegen müssen. Das ist als Feststellung so trivial, wie es reich an Konsequenzen ist, über die sich Klangkünstler Gedanken machen müssen. Die Klangkunst, in der Aspekte der Raum- wie der Zeitkunst zu reflektieren sind, ist so gesehen eine besonders anspruchsvolle und herausfordernde Kunst, wenn sie keine Konzessionen macht und es sich nicht auf der akustischen oder der skulpturalen Ebene zu einfach macht. Wenn ich schreibe, dass Clara Oppel ihr Handwerk versteht, dann denke ich an Handwerk im Plural: Da ist das Handwerk der Bildhauerin, aber auch das einer Gestalterin von Klängen. Für diese Facette des Handwerks gibt es keinen scharfen Begriff. Clara Oppel legt zwar Wert darauf, nicht als Komponistin wahrgenommen zu werden, aber die Tonspuren ihrer Arbeiten sind doch so durchgearbeitet und subtil gestaltet, ja komponiert, wie es Hörstücke von Radiokünstlern sind, denen wir unsere ungeteilte Aufmerksamkeit zu widmen bereit sind. Einige ihrer Arbeiten sind auch als Hörstücke gesendet worden. Aber es sind Kompositionen für Räume. Zwar sind Kompositionen immer schon für bestimmte Räume, etwa Kirchen oder Konzertsäle, entstanden. In der Klangkunst spielt der Raum aber eine ungleich größere Rolle.

Die Musikwissenschaftlerin Helga de la Motte-Haber weist darauf hin: „klang zu erzeugen, bedeutet ihn in einem raum zu erzeugen." Und sie schreibt weiter: „klänge sind informationen über den raum. auch wenn klänge informationen bergen, die wie die traditionelle konzertmusik ein kulturell erlerntes zeichensystem voraussetzen, sind sie nicht ganz aus raumbezügen herauszulösen. obwohl die speichermedien quasi transportable konzertsäle ermöglichen, besitzt in einem realen raum situierte kunst eine besondere qualität und anziehungskraft. die enge beziehung von kunst zu ihrer

thinking about. Looked at in this way, sound art, in which aspects of spatial as well as temporal art are all parts of the process, is a particularly demanding and challenging art, especially when, as with Oppel, it's uncompromising and never takes the easy way out on the acoustic and the sculptural levels. When I write that Clara Oppel knows her craft, I think of craft in the plural. There is the craft of the sculptor, who makes things which can be seen or felt, but also the craft of a sound sculptor, who makes things which speak to a different faculty of perception. There is no clear term for this facet of craft. It's important to Clara Oppel that she is not regarded as a composer, but the audio tracks of her works are nevertheless as elaborate and subtly designed, even composed, as radio productions by radio artists, to which we willingly devote our undivided attention. Some of her works have in fact also been broadcast as radio productions. But they really are compositions for spaces. Of course compositions have always been created for specific spaces, such as churches or concert halls. But in sound art, the space plays an incomparably greater role.

As the musicologist Helga de la Motte-Haber points out: 'to create sound at all is to create it in a space.' And she continues: 'sounds are information about the space. even when the sounds contain information, which, like traditional concert music, presupposes a culturally acquired system of signs, they can't be completely removed from spatial references. Even though recording media make, so to speak, portable concert halls possible, art situated in a real space possesses a special quality and power of attraction. the close relationship of art to its surroundings applies equally in the field of visual art.' Clara Oppel thus conceives art for the spaces she fills with sound, that is site-specific to a special degree, in a sense doubly so, because it is site-specific on two media levels. Her finely staged listening spaces do not always find it easy to assert themselves against the media overkill of

umgebung gilt gleichermaßen im bereich der bildenden kunst." Es handelt sich also um eine in besonderem Maße, gewissermaßen doppelt, weil auf zwei medialen Ebenen, ortsspezifische Kunst, die Clara Oppel für die von ihr bespielten Räume erdenkt. Dabei haben ihre fein inszenierten Hörräume es nicht immer leicht, sich gegen den medialen Overkill der Gegenwartskünste zu behaupten. Denn Oppel geht nicht den brachialen Weg, sich mit ihren klanglichen Interventionen in den Vordergrund zu drängen und die akustische Umwelt schlicht zu übertönen – im Gegenteil, sie holt die Umgebungsgeräusche oft ganz bewusst in ihre Arbeiten hinein und schafft offene, durchlässige Hörräume.

Schon 1995 konnte der Kunsthistoriker Michael Glasmeier auf einen Trend verweisen, der mittlerweile zur kaum problematisierten Selbstverständlichkeit im Ausstellungsbetrieb der Biennalen und Museen geworden ist: „Fast überall, wo Kunst zur Erscheinung gebracht wird, piept es, flüstert es, rasselt es, lärmt es oder vokalisiert es auch, dass es eine Lust ist. Die Ruhe des Betrachters ist dahin, zumal beispielsweise im Museum mit seinen offenen Türen und Fluchten das minimalste Klangereignis ein oft unerwartetes Echo findet. Vorbei also die Zeit der stillen Einkehr vor dem Kunstwerk. Kunst ist Ereignis, das sich akustisch bemerkbar macht, um Zeit im Raum in Schwingungen zu versetzen."

Aus dieser zutreffenden Beschreibung darf jedoch nicht gefolgert werden, dass die Klangkunst nun endlich ihren Siegeszug durch alle Museen angetreten hätte – im Gegenteil: Die Einbeziehung akustischer Ebenen in raumgreifende Installationen, ganz zu schweigen von den zahlreichen in Ausstellungen gezeigten Filmen, die ja meist auch einen Soundtrack haben, geschieht allzu oft wenig subtil, plakativ, sozusagen mit sehr grobem Pinsel. Aufmerksamkeit soll erregt werden, und dazu ist Klang ja auch in wahrnehmungspsychologischer Hinsicht ein probates Mittel auf

contemporary art. For Oppel doesn't go the might-is-right way of elbowing herself into the foreground with her sound interventions and thereby simply drowning out the acoustic environment. On the contrary, she often quite consciously integrates the ambient sounds into her works and creates open, permeable listening spaces.

As early as 1995, the art historian Michael Glasmeier pointed to a trend that has since become largely uncontroversial business-as-usual in the exhibition road-show of biennials and museums, a trend that doesn't make waves: 'Almost everywhere art appears it beeps, whispers, rattles, makes noise, or even vocalizes to an extent that is admittedly enjoyable. The viewer's peace and quiet is a thing of the past, especially now, for example, when in museums with their open doors and passages, even the most minimal sound phenomenon often invites an unexpected reaction. The days of quiet contemplation in front of the work of art are over. Art has become an event, something that attracts attention acoustically, in order to set time oscillating in space.'

This description might well be accurate, but it would nonetheless be a mistake to draw the conclusion that sound art has finally begun its triumphant procession through the world's art galleries. On the contrary: integrating acoustic layers into room-sized installations – not to mention all the films shown within exhibitions, most of which also have a soundtrack – is done all too often in a less than subtle, in fact obtrusive, manner, so to speak with a very rough paint-brush. The aim is to attract attention; and sound is, psychologically speaking, a tried and tested means of doing this – in the amusement parks of big exhibitions. After all, it is easier to look away than to 'hear away', just block out all the beeping, rattling and vocalizing. This particular sound artist, however, works precisely and deliberately on the sounds she wants to make audible in a given space. In Clara Oppel's work, the

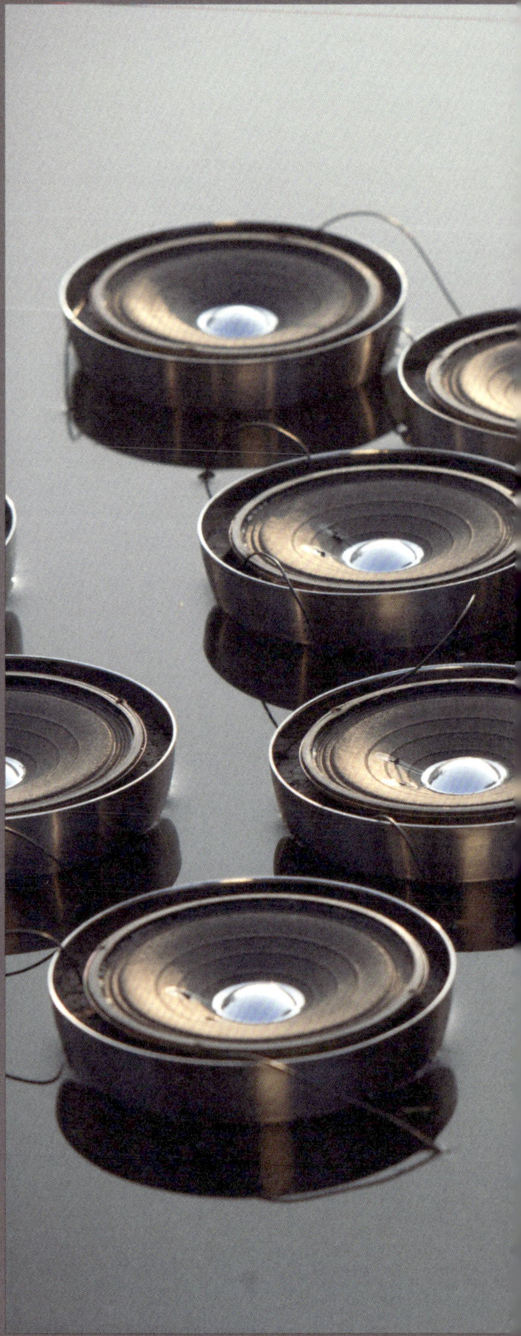

Talking landscapes, Funkhausteich - ORF Landesstudios Graz

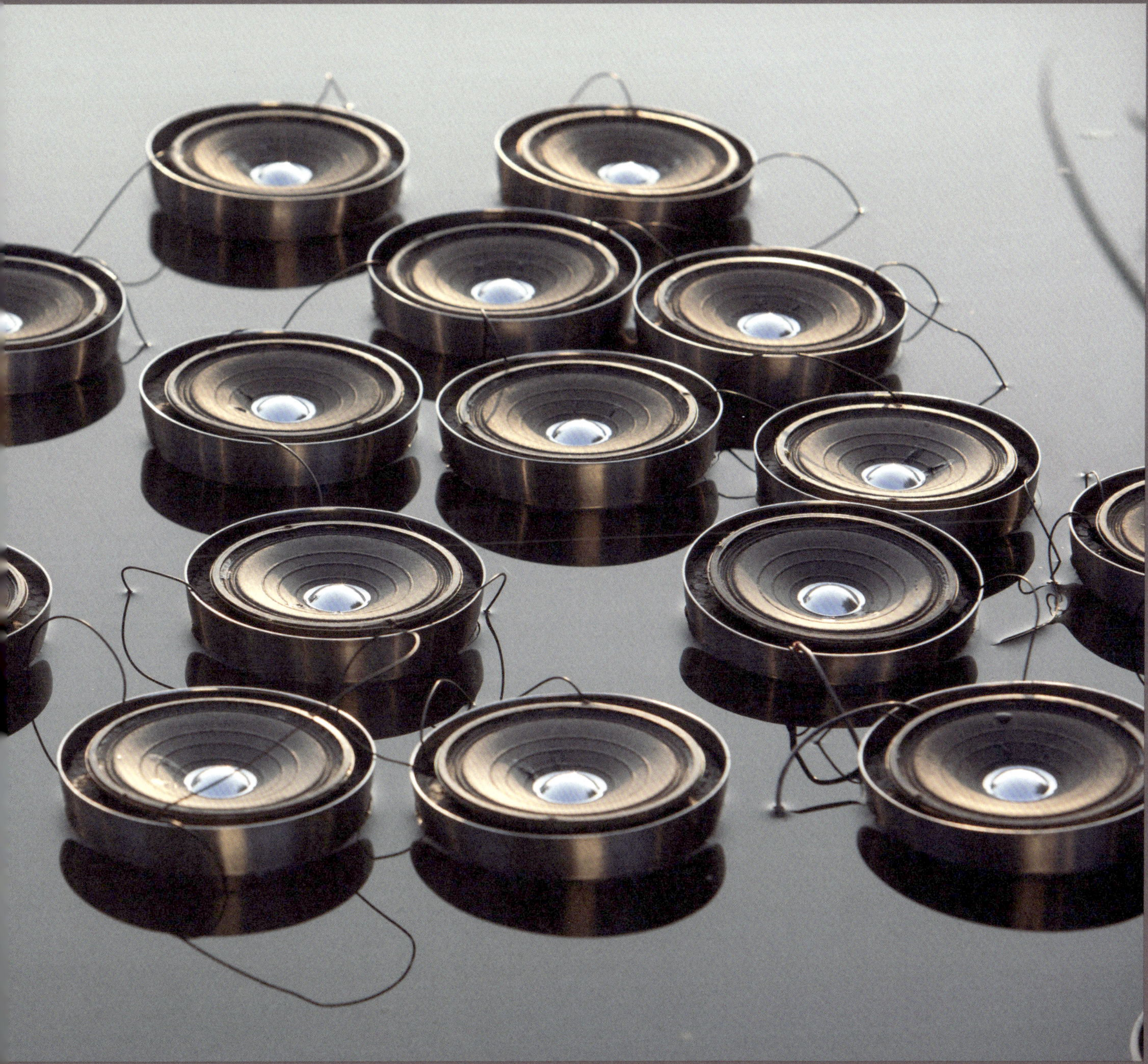

den Jahrmärkten der Großausstellungen: Es ist schließlich einfacher wegzusehen als wegzuhören, das Piepen, Rasseln und Vokalisieren zu „überhören". Die Klangkünstlerin aber arbeitet genau und wohlüberlegt an den Klängen, die sie in einem Raum zu hören geben möchte. Bei Clara Oppel werden das Sicht- und das Hörbare gewissermaßen Hand in Hand entwickelt. Sie spricht davon, „an den Schnittstellen von Klang, Raum, Installation und Skulptur" zu arbeiten und schreibt: „Wie ich mit dem Klang umgehe, entscheidet gleichwertig auch das visuelle Moment." D. h.: Sie geht nicht von skulpturalen Ideen aus und denkt dann über so etwas wie einen dazu passenden Soundtrack nach. Sie fängt ihre Überlegungen aber auch nicht umgekehrt bei einem fertigen Hörstück an, um das sie dann gleichsam einen Rahmen bauen würde. Oppel geht vielmehr von Räumen und ihrer Akustik aus. Und die Akustik der Ausstellungsräume ist oft intrikat, spielt sie bei der Architektur von Museen und Galerieräumen doch traditionell nur eine geringe Rolle. Diese Räume sind zugeschnitten auf eine die optimale Präsentation von Bildwerken. Große, hohe Räume sind das, oft mit sehr viel Hall. Sich diesen räumlichen Herausforderungen zu stellen, hat Oppel inzwischen eine große Virtuosität entwickelt. Man denke nur an *breathing space*, eine 2015 für den Marburger Kunstverein konzipierte Bodenarbeit, bei der nicht weniger als 5400 Kalottenlautsprecher zum Einsatz kamen; oder an *texere* im Gasteig in München, wo Oppel 2020 Lautsprecher auf einer Wand installierte, der eine Glasfront gegenüberlag, sodass durch die Reflektionen ein Raumklangerlebnis entstand. Sie hat es aber auch schon mit der Akustik eines langen, gemauerten Ganges in Neustadt am Rübenberge aufgenommen oder schwimmende Lautsprecher zwischen Seerosen auf dem Funkhausteich in Graz ausgesetzt.

Die Klanginstallationen von Clara Oppel sind von den Räumen, in denen sie zu erleben sind, nicht zu trennen. Die Künstlerin spricht davon, eine Symbiose von Bild und Ton

visible and the audible develop so to speak hand in hand. She speaks of working 'at the interfaces of sound, space, installation, and sculpture' and writes: 'How I deal with the sound is equally decided by the visual moment.' i.e.: she doesn't start with sculptural ideas and then think about sounds to go with them. But the opposite is equally true, and she also doesn't start her deliberations the other way round either, with a finished audio creation, around which she then builds a frame, as it were. Rather, Oppel 's starting point is both spaces and their sounds. And the acoustics of exhibition spaces are often intricate, traditionally playing only a minor role in the architecture of museums and gallery spaces. Such rooms are tailored to present works of visual art in an optimal way. They are often very big, with high ceilings and lots of reverberation. By now, Oppel has become a virtuoso in confronting these spatial challenges. Take for example *breathing space*, a floor work conceived in 2015 for the Marburger Kunstverein, in which no fewer than 5,400 dome loudspeakers were used; or *texere* in the Gasteig in Munich, where in the year 2020 Oppel installed loudspeakers on a wall facing a glass front, so that the reflection created a spatial sound experience. But she has also taken on the acoustics of a long, walled-in corridor in Neustadt am Rübenberge or sent loudspeakers floating between water lilies on the Funkhaus pond in Graz.

Clara Oppel's sound installations cannot be separated from the spaces in which they are experienced. The artist speaks of wanting to achieve a symbiosis of picture and sound. She does not travel – as perhaps a sculptor or a painter does – with finished works in her luggage that then only have to be set up in a museum or a gallery. She develops her works largely on site. Her colour palette consists of various types of speakers, transducers, and cables that she keeps in store and selects, depending on the occasion. It is not uncommon for Oppel's installations to include several thousand small loudspeakers. Setting them up is then demanding and takes

erreichen zu wollen. Sie reist nicht – wie vielleicht eine Bildhauerin oder eine Malerin – mit fertigen Werken an, die dann in einem Museum oder einer Galerie nur noch aufgebaut werden müssen. Sie entwickelt ihre Arbeiten weitestgehend vor Ort. Ihre „Farbpalette" besteht aus verschiedenen Arten von Lautsprechern, Schallwandlern und Kabeln, die sie vorrätig hat und je nach Anlass auswählt. Nicht selten sind in Oppels Installationen mehrere Tausend kleine Lautsprecher verbaut. Die Aufbauarbeit ist dann anspruchsvoll und erstreckt sich über mehrere Tage. Diese Klanginstallationen sind eigentlich nicht verpflanz- und wiederholbar. Und es ist auch schwierig, sie zu dokumentieren. Denn es stellt sich dann die Frage, ob versucht werden sollte, die Soundscape abzubilden, wie sie sich einem Besucher oder einer Hörerin vor Ort darbietet. Wobei auch bedacht werden muss, dass die Klangerlebnisse an verschiedenen Standpunkten in ein und demselben Raum sehr unterschiedlich sein können. Oder ob es angemessener wäre, das pure Hörstück, das aus den vielen Lautsprechern dringt, zu bringen. Dazu kommt, dass es sich häufig um vier- oder achtkanalige Arbeiten handelt, welche die gängige Stereofonie überfordern. Und auch wenn von der Wirkung, die Malerei und Grafik haben können, im besten Katalogdruck oft nur eine Ahnung zu vermitteln ist: Die Klangkunst ist flüchtig und noch schwerer abbildbar. Ein Katalog, der sich als vorläufige Summe dieses Augen und Ohren anregenden Œuvres versteht, sollte also nicht zuletzt als Einladung verstanden werden, die Orte, so weit das möglich ist, auch aufzusuchen.

Clara Oppels Klanginstallationen drängen sich nicht auf. Oft fragen sich die Hörerinnen und Hörer, zu denen die Ausstellungsbesucher durch die Interventionen der Klangkünstlerin gemacht werden, ob sie gerade Klänge vernehmen, die aus den Lautsprechern dringen, oder ein „komponiertes" Hörstück. Diesem erkenntnisfördernden Verwirrspiel leistet Oppel dadurch Vorschub, dass sie oft Field Recordings

several days. These sound installations are, strictly speaking, not really transplantable or repeatable. And it is also difficult to document them. The question then is whether to even make the attempt to recreate the soundscape as experienced by a visitor or listener in a particular place – especially considering that sound experiences, even in one and the same space, can be very different depending on the respective vantage point. Or whether it would be more appropriate just to bring the pure audio piece that comes out of the many loudspeakers. Add to that the fact that these are often four or eight-channel works that standard stereo equipment just can't handle. And if even the best catalogue print can convey only a hint of the effect that painting and graphics can have, sound art is fleeting and even more difficult to depict. So any catalogue that sees itself as the temporary sum of this eye- and ear-stimulating oeuvre should really be regarded as an invitation to actually visit the places where Oppel's works can be experienced.

Clara Oppel's sound installations do not impose themselves on the visitor. Often the listeners, which is what the artist's sound interventions make visitors into, wonder whether they are just hearing sounds coming out of the loudspeakers or a 'composed' audio creation. Oppel often increases the confusion by making field recordings in the exhibition space itself or in the immediate vicinity – she calls them 'acoustic photos' and then processing them even further within her installations – always interacting with the prevailing circumstations of the space, in which she deliberately builds in clues guiding the viewer's gaze. Some sound artists are only interested in staging an acoustic space, therefore either hiding loudspeakers and cables or accepting them as a necessary evil, or at least not using them sculpturally. Clara Oppel is quite different, always developing her installations in the elusive space connecting the visible and the audible. She employs volume as a creative feature only very sparingly, which of

in den Ausstellungsräumen oder in deren nahem Umfeld macht – sie spricht von „akustischen Photographien" – und dann in ihren Installationen weiterverarbeitet. Und das stets im Wechselspiel mit den Gegebenheiten des Raums, in dem sie ganz bewusste, die Blicke leitende Akzente setzt. Es gibt Klangkünstler, die ausschließlich daran interessiert sind, einen akustischen Raum zu inszenieren, Lautsprecher und Kabel dabei eher verstecken beziehungsweise als notwendiges Übel akzeptieren, jedenfalls damit nicht skulptural arbeiten. Ganz anders Clara Oppel, die ihre Installationen immer im Spannungsfeld zwischen dem Sichtbaren und dem Hörbaren entwickelt. Lautstärke setzt sie dabei nur äußerst sparsam als Gestaltungsmittel ein, so dass die Wirkung dann umso größer ist. Wer, von dem Klangraum angesprochen, sich hörend auf eine Arbeit von Clara Oppel einlässt, der wird sich in ihr bald zurechtfinden. Die Klangkünstlerin, und das ist keineswegs selbstverständlich, geht verantwortungsvoll mit dem Faktor Zeit um. Sie lässt über die Lautsprecher keine endlosen Tonspuren abspielen, zu deren adäquater Rezeption sich die Besucherinnen und Besucher stundenlang die Beine in den Bauch stehen müssten. Sie akzeptiert, dass sie mit ihrer Inszenierung eines Ausstellunsgsraums oder eines Platzes im öffentlichen Raum an Durchgangsorten arbeitet, wo ein Kommen und Gehen herrscht und wo kein Konzertpublikum sitzt, von dem die ungeteilte Aufmerksamkeit für ein akustisches Ereignis und eine längere Zeitstrecke erwartet werden kann. Durch diese vermeintliche Beschränkung gewinnt sie ungleich viel mehr: Sie schafft transitorische Hörräume, die von den Besucherinnen und Besuchern beim Durchqueren gelesen und verstanden werden können, oft auch zur Interaktion anregen. Ihre komprimierten Hörstücke, ob es sich nun um Field Recordings oder bearbeitete Sprachaufnahmen handelt, dauern selten länger als wenige Minuten und ermöglichen es den Besuchern so, die akustische Ebene tatsächlich zu

course greatly enhances its effect. People who are attracted by the sound space, and involve themselves consciously with a work by Clara Oppel, will soon find their way around it. This sound artist uses the factor time responsibly, something that not everybody does. She does not play endless audio tracks over the loudspeakers, forcing visitors to stand around for hours in the hope of really understanding the meaning. She accepts that whenever she constructs something in an exhibition or a public square, she really is working in a transitory public space, which people pass through, enter on one side and leave on the other, places of passage, where there is a constant coming and going and where there is no captive concert audience from whom she can expect undivided attention to her acoustic event for a longish period of time. But what might seem like a restriction turns out to be the contrary: she creates transitory listening spaces that visitors can perceive and respond to on their way through, often interacting with the work, or the artist, or each other. Her compact audio pieces – whether they are field recordings or edited voice recordings – seldom take longer than a few minutes, which enables visitors to genuinely grasp the acoustic level and perhaps even experience it from various listening positions.
In a work permanently installed in the KunstGarten in Graz, Oppel's audio piece weaves itself subtly into the soundscape of a garden, which of course also changes constantly with the seasons: *darüber hinaus* (*beyond that*) is a special example of visual restraint. Far from intervening visually in the garden, which already has so many sculptures and other artistic works interacting with each other, Oppel limited herself to hanging four loudspeakers among the vegetation as an element which, except in winter, just isn't visible at all.

But even when she – with her sculptor's way of seeing things – does actually shape spaces, Clara Oppel always proceeds very sparingly and often restricts herself entirely to simply

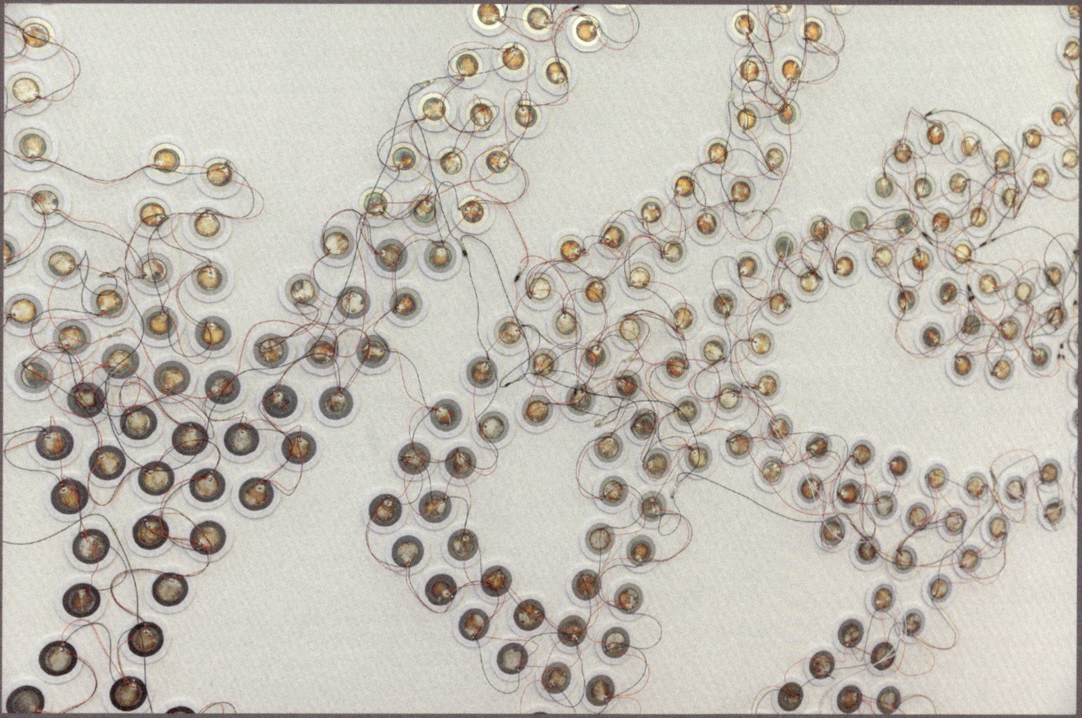

im bewegten Raum, < rotor > Zentrum für zeitgenössische Kunst, Graz

erfassen und vielleicht auch von mehreren Hörpositionen aus wahrzunehmen.

In einer Arbeit, die dauerhaft im KunstGarten in Graz installiert ist, fädelt sich Oppels Hörstück behutsam in die Soundscape eines Gartens ein, die sich mit den Jahreszeiten natürlich auch ständig ändert. Das Werk *darüber hinaus* ist ein Sonderfall an visueller Zurückhaltung: In den Garten mit seinen vielen Skulpturen und künstlerischen Interventionen wollte Oppel nicht visuell eingreifen, sondern beschränkte sich auf das Aufhängen von vier Lautsprechern in der

arranging many tiny loudspeakers, which sometimes form ribbons passing over walls and floors or combine to form letters. Other visual additions are extremely rare. In an installation that could be seen and heard in Solothurn in 2021, 126 sound transducers were arranged under 126 sanitary masks. And in an installation which Oppel created for the Kunstverein rotor in Graz in 2020, the arrangement of the loudspeakers on the wall form a strikingly abstract pattern, reminiscent of drawings by the artist.

Botanik, die – außer im Winter – gar nicht sichtbar sind. Wenn sie aber mit dem Blick der Bildhauerin Räume auch visuell gestaltet, dann geht Clara Oppel eigentlich immer sehr sparsam vor und beschränkt sich oft ganz auf das Arrangieren von vielen kleinen Lautsprechern, die manchmal Bänder bilden, die über Wände und Böden laufen oder sich zu Schriftzügen formieren. Andere optische Zugaben sind äußerst selten. In einer Installation, die 2021 in Solothurn zu sehen und zu hören war, waren 126 Schallwandler unter 126 Hygienemasken platziert. Und in einer Installation, die Oppel 2020 für den Kunstverein rotor in Graz geschaffen hat, bilden die Anordnung der Lautsprecher an der Wand ein auffällig abstraktes Muster, die an Zeichnungen der Künstlerin anknüpfen.

Die Technik ist für Clara Oppel ein Werkzeug, ein Mittel zum Zweck. Zwar weiß sie sich ihrer virtuos zu bedienen, aber sie tritt in den Arbeiten zurück und ist für die Künstlerin kein Fetisch. In einer Klangskulptur aus dem Jahr 1999 hängen Telefonhörer an Kabeln von der Decke und beschallen den Ausstellungsraum. Die Besucherinnen und Besucher konnten ihre Position zwischen den auf Ohrenhöhe hängenden Hörern, die als Lautsprecher dienten, wählen. Mit nur etwas mehr als 20 Jahren Abstand ist das ein seltsam anmutendes Bild, ähnlich der vielen alten Fernsehgeräte bei Nam June Paik, sind Telefonkabel und Festnetztelefone dieser Bauart doch inzwischen weitgehend aus unserem Alltag verschwunden. Und bald werden wohl auch die Kabel verschwunden sein und endgültig von drahtlosen Verbindungen ersetzt werden. Für Clara Oppel sind sie einstweilen noch ein wichtiges Gestaltungselement – Linien, die sie durch den Raum ziehen, an die Wand bringen kann, oder die Strukturen an der Rückseite von Pergamentbögen bilden wie in *Simorgh I*. Der Titel spielt auf ein Fabelwesen des persischen Dichters Fariduddin Attar und dessen Buch *Vogelgespräche* an.

For Clara Oppel, technology is a tool, a means to an end. While she certainly knows how to make masterful use of it, it recedes into the background. She is by no means a technology fetishist. In a sound sculpture from 1999, telephone receivers hang from the ceiling on cables and imbue the exhibition space with sound. Visitors could choose their position between the handsets hanging at ear level, which served as loudspeakers. Even though it's only around twenty years since landline telephones and cables of this sort were ubiquitous, the sight of these things, which have now vanished from our everday environment, feels most peculiar – like the many old-fashioned television sets in Nam June Paik's work. And cables will probably soon be gone as well, replaced once and for all by wireless connections. But for the here and now though, they are still an important design element for Clara Oppel – flexible lines that she can distribute throughout the space, attach to the wall, or form into structures on the back of parchment sheets as in *Simorgh I*. That title alludes to a mythical creation of the Persian poet Farid Uddin Attar and his book *Bird Talks*.

A clarification is necessary at this juncture. In Clara Oppel's work, there are not only the sound sculptures, basically unrepeatable spatial designs, but there are also so-called sound objects, such as *Simorgh I*: the four parchment sheets with the built-in sound transducers can be hung in different places – which, of course, does not mean that they sound the same everywhere. So the sound artist has to be on site to decide on the exact positioning. The *Schale aus Wort* (*bowl made of words*) is also a sound object, as is *unterwegs* (*on the way*). The *Schale aus Wort* consists of loudspeakers which can be spread out over the listeners, like an umbrella, or can fill the room with sound from the floor. With *unterwegs*, loudspeakers spill out of an old-fashioned suitcase. Clara Oppel also calls *Simorgh I* and *Schale aus Wort* 'sound poems.' This emphasizes the fact that language plays a prominent role in many

An dieser Stelle ist eine Differenzierung nötig. In Clara Oppels Werk gibt es nicht nur die im Grunde unwiederholbaren Raumgestaltungen als Klangskulpturen, sondern es gibt auch sogenannte Klangobjekte wie eben beispielsweise *Simorgh I*: Die vier Pergamentbögen mit den eingebauten Schallwandlern können an verschiedenen Orten aufgehängt werden, was freilich nicht heißt, dass sie überall gleich klingen. Es bedarf dann schon der Anwesenheit der Klangkünstlerin, die über die genaue Positionierung entscheidet. Um Klangobjekte handelt es sich auch bei der *Schale aus Wort*, die, gebildet aus Lautsprechern, wie ein Schirm über die Hörer gespannt werden kann oder vom Boden her den Raum beschallt, und bei *unterwegs*: Aus einem altmodischen Koffer quellen Lautsprecher. *Simorgh I* und *Schale aus Wort* bezeichnet Clara Oppel darüber hinaus als „Lautgedichte". Das legt einen Akzent auf die Tatsache, dass Sprache in vielen Arbeiten eine herausgehobene Rolle spielt, allerdings nicht als alltagssprachliches Verständigungsmedium, das in dem von Oppel bespielten Raum semantische Akzente setzen würde. Der Terminus Lautgedicht verweist darauf, dass hier die akustische Dimension von Sprache in den Vordergrund rückt, dass Sprache jenseits der Wortverständlichkeit musikalisch gehört werden soll; Gerhard Rühm spricht von „auditiver poesie". Bei Clara Oppel verhält es sich so, dass sie nicht etwa mit Lautgedichten arbeitet und diese in ihre Hörstücke integriert. Die Lautpoesie entsteht gewissermaßen durch Bearbeitung, gesprochene Sprache wird verhackstückt, neu arrangiert und komprimiert. Die Klangkünstlerin geht dabei auch so weit, Texte des 2001 verstorbenen Schriftstellers Christian Loidl, die dieser für sie eingesprochen hatte, so eingreifend zu bearbeiten, dass die Semantik sich ganz verflüchtigt und reine Sprachmusik daraus wird. In der Installation *Schlafstimmen* ist die Stimme von Christian Loidl aus Tassen und Teekannen zu hören. Friedrich W. Block spricht in diesem Zusammenhang von

of her works – but not an everyday language as a medium of understanding that would set semantic signposts in the space Oppel occupies. The term 'sound poem' refers to the fact that here the acoustic dimension of language comes to the fore, that language is heard musically beyond the semantic content of words. Gerhard Rühm speaks of 'auditive poetry'. In Clara Oppel's case, she does not work with sound poems and integrate them into her audio pieces. To a certain extent, sound poetry is created through editing. Spoken language is chopped up, rearranged and compressed. The sound artist even goes so far as to edit texts recorded for her by the writer Christian Loidl, who died in 2001. Her editing is so intrusive that the semantics completely evaporate and they become purely speech music. For example, In the installation *Schlafstimmen*, Christian Loidl's voice can be heard issuing from cups and teapots. In this context, Friedrich W. Block speaks of 'language-based sound art' and applies the term to a very essential part of Clara Oppel's work.

But there is not always something to hear in Clara Oppel's work. *Schlechte Brille* (*bad spectacles*) for example, is an object without sound. It was exhibited at the Kunsthaus Essen in 2007 and demonstrates the omnipresent humour of the sound artist. Instead of lenses, loudspeakers are inserted into the frame of the glasses. Cables hang from them, but only loosely, with no connection to a sound source; nothing can be heard. You can't see with these glasses, but you can't hear anything through the speakers that replace the lenses either. Here, rather than going hand in hand, image and sound cancel each other out instead. Is this the sound artist being self-ironic, or is it resignation in the face of an acoustical world which is hopelessly polluted? 'The public space is dominated by dirt and trash. Acoustic trash and visual filth, acoustic and visual din.' What Peter Weibel expresses is true. He goes on: 'the public space is full of advertising and noise. The noise of cars, trams, machines, construction sites, road works, etc.

„sprachbasierter Klangkunst" und hat damit einen ganz wesentlichen Teil des Werks von Clara Oppel im Blick.

Aber nicht immer gibt es etwas zu hören bei Clara Oppel. Ein „Objekt ohne Ton" etwa – und das beleuchtet auch den allgegenwärtigen Humor der Klangkünstlerin –, das 2007 im Kunsthaus Essen ausgestellt war, trägt den Titel *Schlechte Brille*: Anstelle der Gläser sind Lautsprecher in das Brillengestell eingesetzt. Daran hängen zwar Kabel, aber nur lose, ohne Verbindung zu einer Schallquelle, es ist nichts zu hören. Mit dieser Brille kann man nicht sehen, aber auch zu hören ist über die Lautsprecher nichts, welche die Gläser ersetzen. Hier gehen Bild und Ton nicht Hand in Hand, sondern hebeln sich gegenseitig aus. Selbstironie der Klangkünstlerin oder Resignation in einer akustisch hoffnungslos verschmutzten Welt? „Den öffentlichen Raum dominieren Schmutz und Schund. Akustischer Schund und visueller Schmutz, akustisches und visuelles Rauschen", stellt Peter Weibel zutreffend fest. „Der öffentliche Raum ist voll mit Werbung und Lärm. Der Lärm von Autos, von Straßenbahnen, von Maschinen, Baustätten, Straßenarbeiten usw. Der öffentliche Raum ist voll von Reklame, Werbung, Propaganda. Der öffentliche Raum ist ein Euphemismus, eine Heuchelei. Es gibt nämlich den öffentlichen Raum gar nicht mehr, er ist vollkommen privatisiert durch Werbung und Reklame. Er ist kolonialisiert von privaten Firmen und vom Staat, der den öffentlichen Raum an private Firmen verkauft."

Der Musiktheoretiker Heinz-Klaus Metzger hat sinngemäß einmal gesagt, die Kunstmusik habe im Grunde nur zwei Chancen, auf die von Weibel skizzierte Situation zu reagieren: indem sie entweder versucht, den Lärm der Welt mit futuristischen Materialschlachten gleichsam zu übertönen; oder aber durch eine bewusste Zurücknahme, die zum Hinhören zwingt. Diese akustische Abrüstung, auf deren

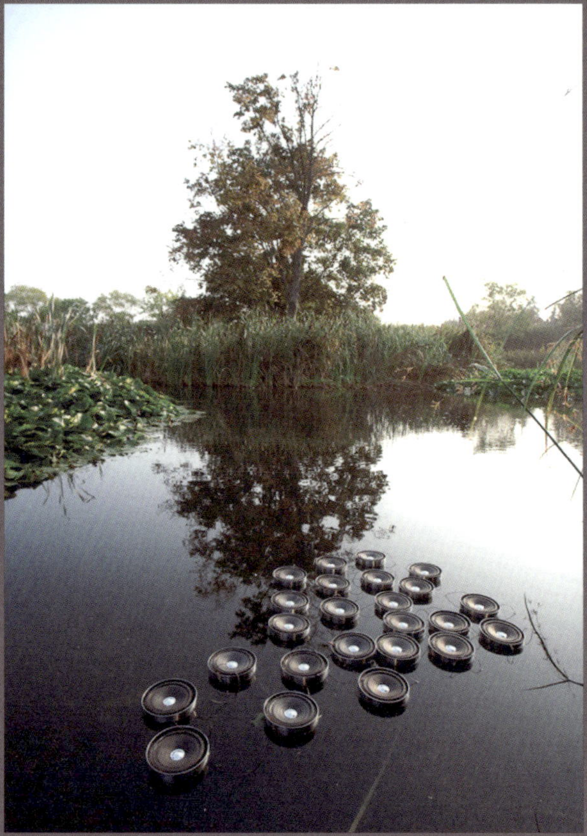

Talking landscapes
Funkhausteich - ORF Landesstudios Graz

The public space is full of advertising, publicity, propaganda. The term public space is a euphemism, a hypocrisy. In fact, "public space" no longer exists. It is completely privatized by advertising and publicity. It's colonized by private companies and by the state, which sells public space to private companies.'

The music theorist Heinz-Klaus Metzger once said that art music basically has only two chances to react to the situation outlined by Weibel: either by trying to drown out the noise of

Seite sich zweifellos auch Clara Oppel mit ihren vorsichtigen akustischen Interventionen stellt, scheint mir eindeutig die zeitgemäßere Antwort zu sein. Peter Weibel traut der vergleichsweise jungen Klangkunst in diesem Zusammenhang noch sehr viel zu und möchte sie noch mehr im öffentlichen Raum vertreten sehen: „Soundart darf aber nicht nur in geschlossenen Räumen der Museen stattfinden, sondern soll auch in den offenen urbanen Räumen, im sogenannten öffentlichen Raum, stattfinden. Dem urban sound des städtischen Verkehrs muss eine akustische urban art als Ästhetik des Widerstands gegenübergestellt werden."

Ein Klangobjekt mit dem Titel *Sfumato* aus dem Jahr 2013 bringt besonders schön auf den Punkt, wie Clara Oppel versucht, „synästhetische Situationen" zu schaffen: Auf den offenstehenden Flügeln eines Fensters – einen Flügelaltar zu assoziieren liegt nahe – sind Lautsprecher angebracht. Das „Bild" in der Mitte aber ist leer. Der Rahmen gibt den Blick auf ein weißes Stück Wand frei. Auf der akustischen Ebene sind zunächst weißes und rosa Rauschen zu hören, ehe sich Fragmente von Sprache herausschälen.

the world with futuristic material battles, so to speak; or by a conscious withdrawal, which compells listening. This acoustic disarmament, with which Clara Oppel with her cautious acoustic interventions undoubtedly also sympathises, seems to me to be clearly the more timely response. Peter Weibel still has great confidence in the comparatively young sound art in this context and would like to see it represented even more in the public space: 'Sound art should take place not only in the closed spaces of museums, but also in the open urban spaces, in the so-called public space. An acoustic urban art as an aesthetic of resistance must confront the urban sound of city traffic.'

A sound object titled *Sfumato* from 2013 demonstrates particularly well how Clara Oppel tries to create 'synaesthetic situations'. Loudspeakers are mounted on the open panels of a window – and especially in an exhibition space, it's obvious to think of a winged altar. But the centre, where one expects a picture, is empty. The frame reveals a white piece of wall. On the acoustic level, white and pink noise can be heard at first, before fragments of speech emerge.

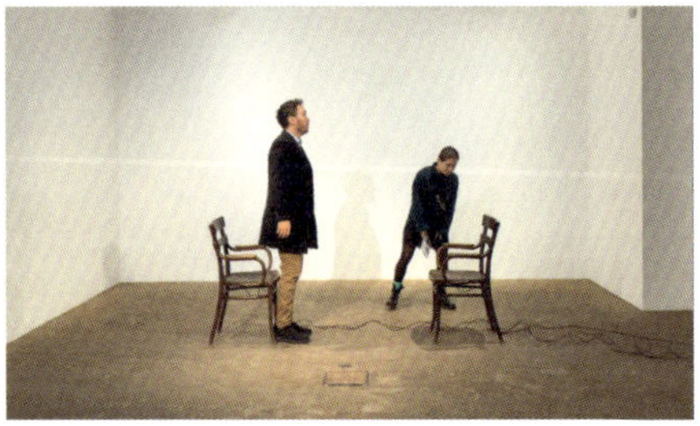 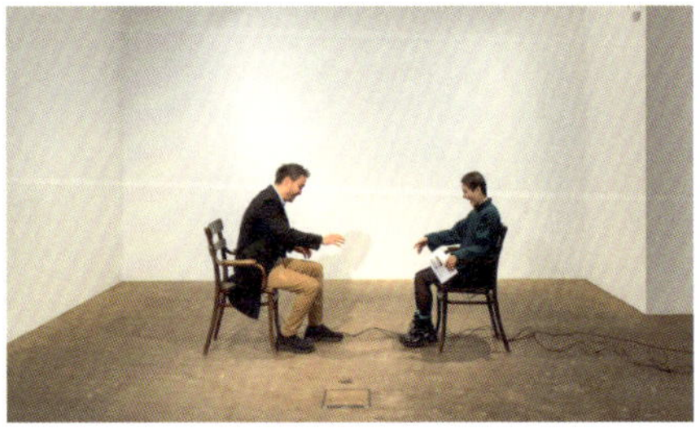 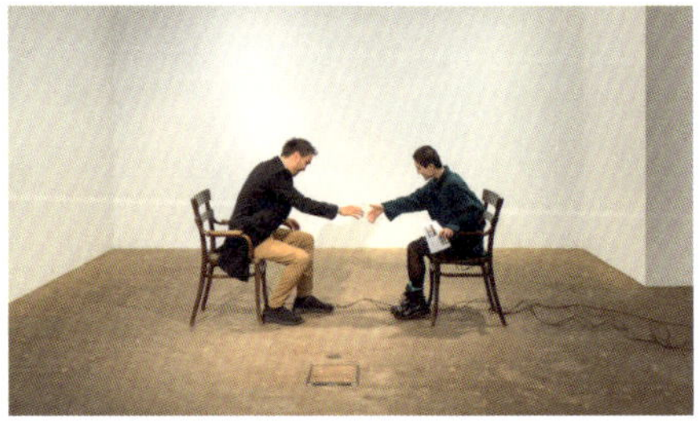

zwischen den Stühlen

2022, Interaktive Klanginstallation. Stühle, Kabel, Transducer, Tonabnehmer, Audioanlage

Kunstraum Nestroyhof, Wien

Zwei Stühle laden die Besucher zum Sitzen ein. In einem der Stühle befinden sich Kontaktmikrofone, welche die Geräusche der sich hinsetzenden Person abnehmen. Die akustischen Signale werden verstärkt und in Echtzeit an den gegenüberliegenden Stuhl geleitet, der durch eingebaute Körperschallwandler direkt zum Schwingen angeregt wird. Der Stuhl selbst wird zum Lautsprecher, dessen Vibrationen hör- und spürbar werden. Eine subtile Kommunikation zwischen den Stühlen kann sich durch kleinste Bewegungen ereignen.

between two stools

2022, interactive sound installation. Stools, cables, transducers, pickups, sound system.

Kunstraum Nestroyhof, Vienna

Two chairs invite visitors to sit. One of the stools is equipped with contact microphones, which pick up the sounds arising when someone sits down. These acoustic signals are amplified and transmitted in real time to the other chair. Through inbuilt exciters, the receiving chair itself becomes a loudspeaker, whose vibrations can be both heard and felt. A subtle chair-to-chair communication can be initiated by even the slightest movement.

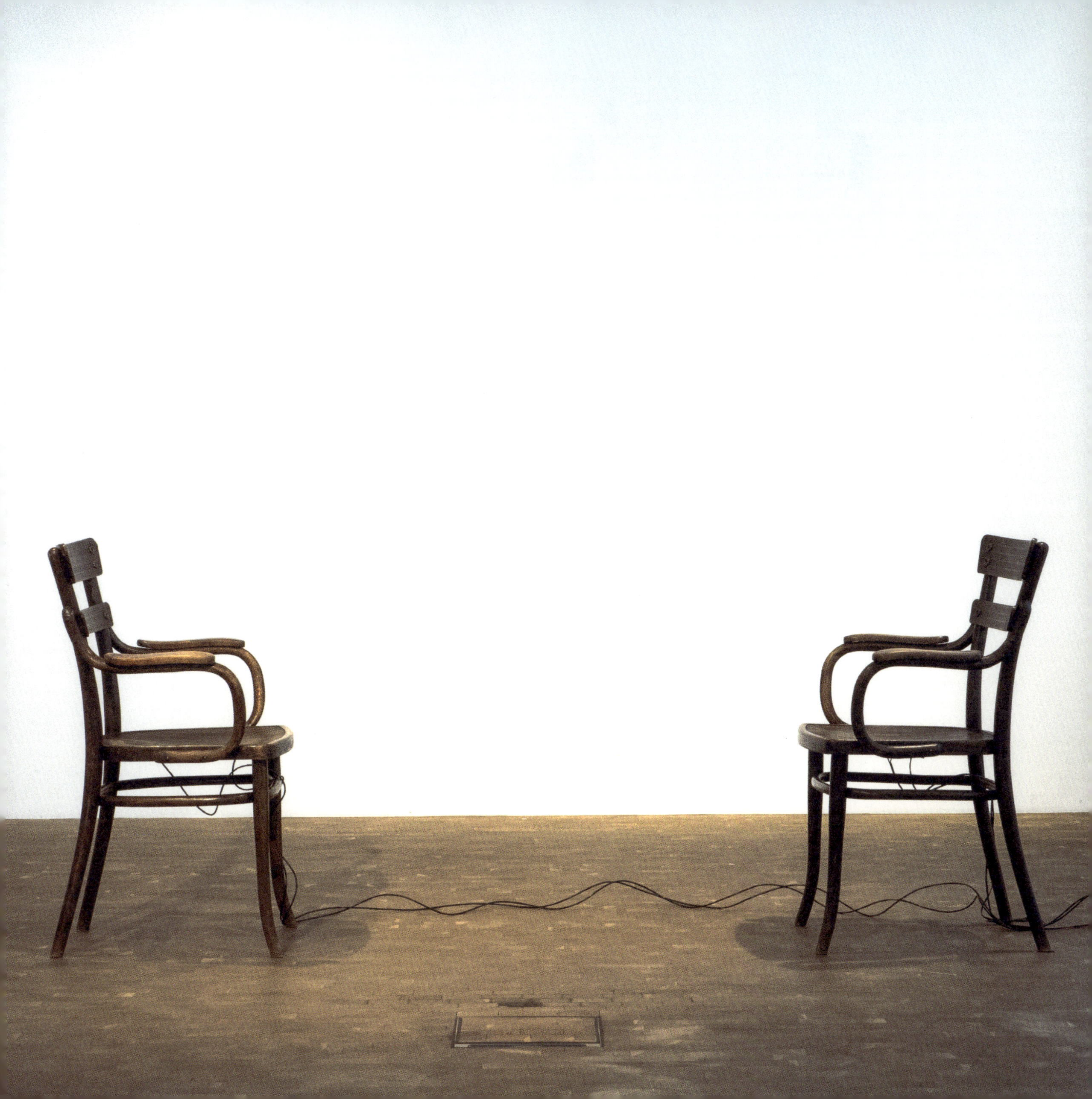

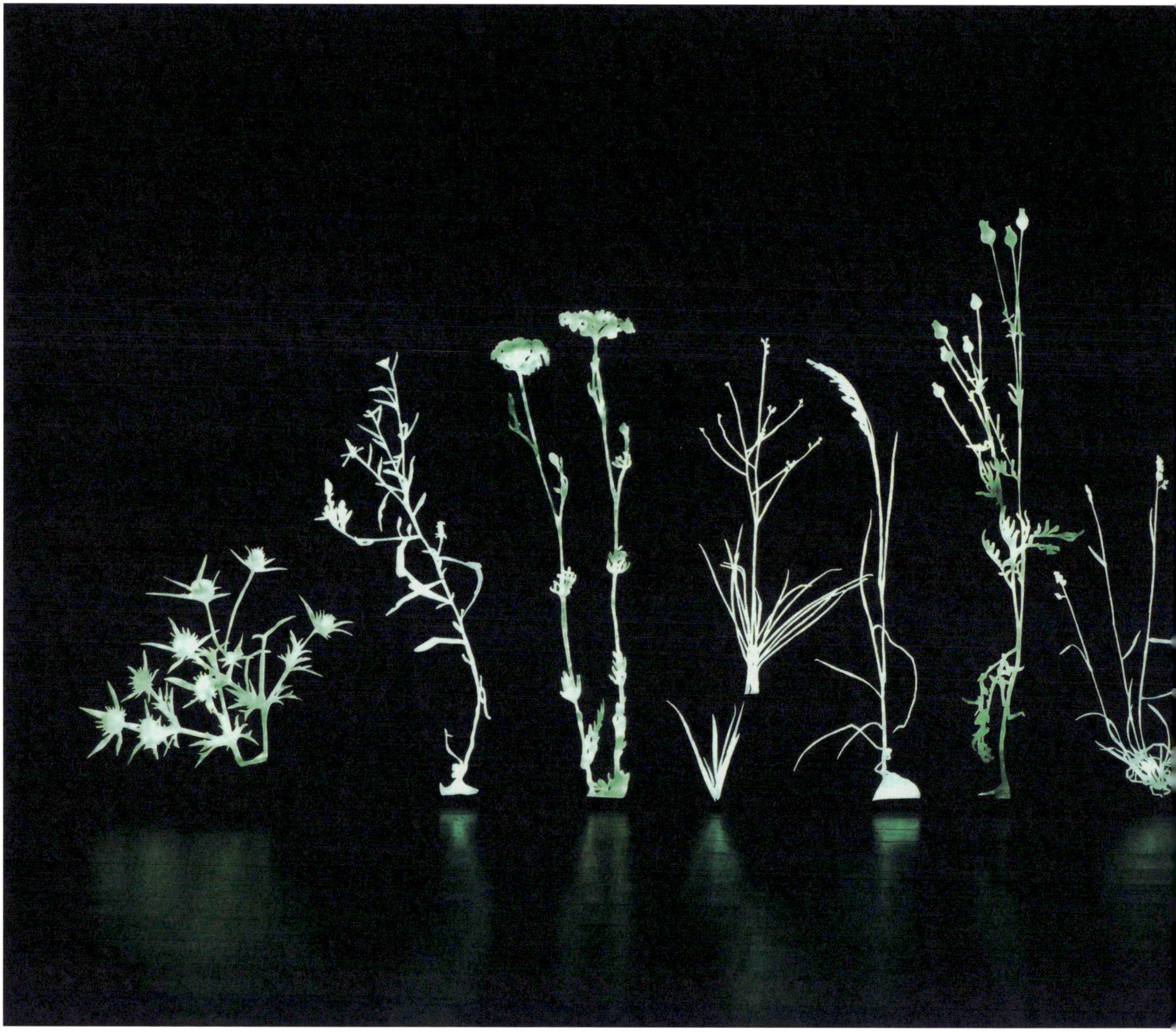

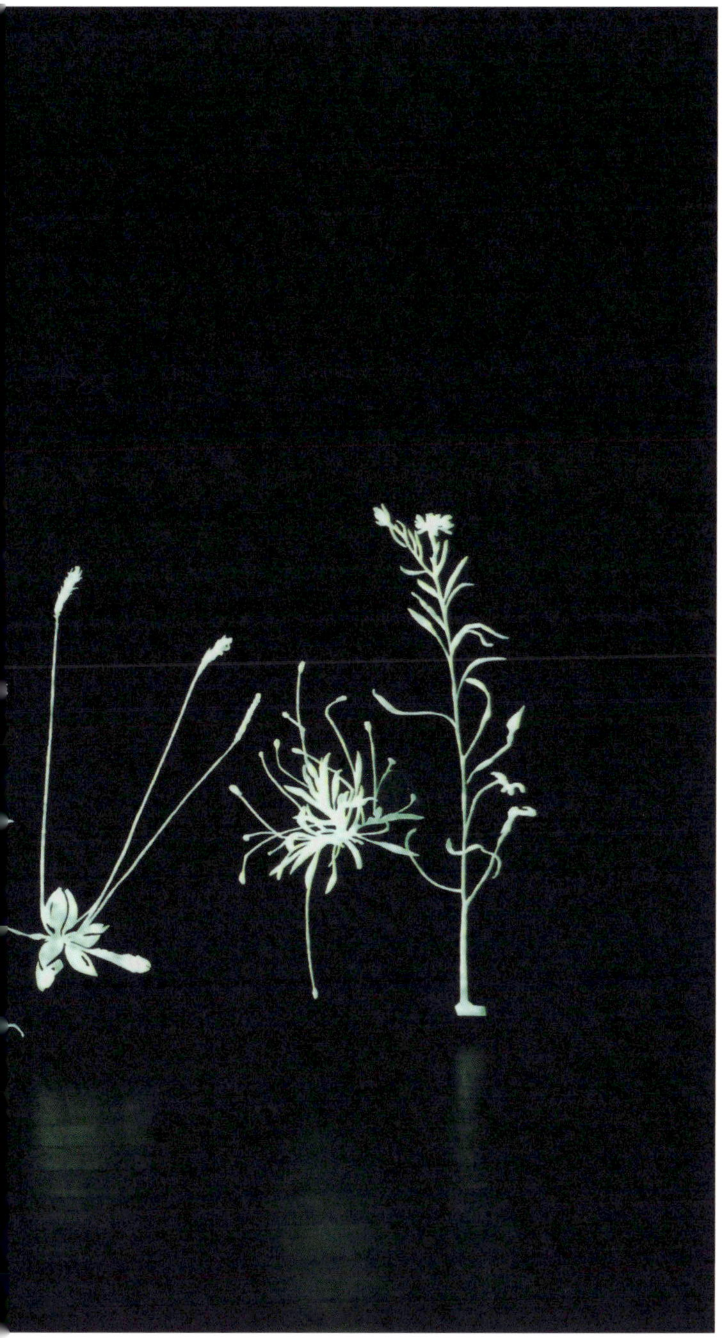

fade in – fade out

2022, Licht- und Klanginstallation.
Scherenschnitt, interaktive Lichtschaltung, Lautsprecher, Audioequipment, 4-Kanal Komposition, 1,5 x 5 m

Sympoietic Symphony, Klangmanifeste Lindabrunn/Wien

Betreten Besucher:innen den hellen, scheinbar leeren, weißen Raum, schaltet sich das Licht unmittelbar aus. Die Objekte an der Wand erscheinen, zeitgleich beginnt das Klangstück.
Während der visuelle Eindruck langsam verschwindet, tritt der Raumklang in den Vordergrund.

fade in – fade out

2022, sound and light installation.
silhouette, interactive light circuit, loudspeakers, electronic equipment, 4 channel composition, 1.5 x 5 m

Sympoietic Symphony, Klangmanifeste Lindabrunn/Vienna

When visitors enter the bright, seemingly empty, white room, the light goes off immediately. The objects on the wall appear, and at the same time the sound composition begins.
As the residual visual impression slowly fades, the spatial sound takes its perceptual place.

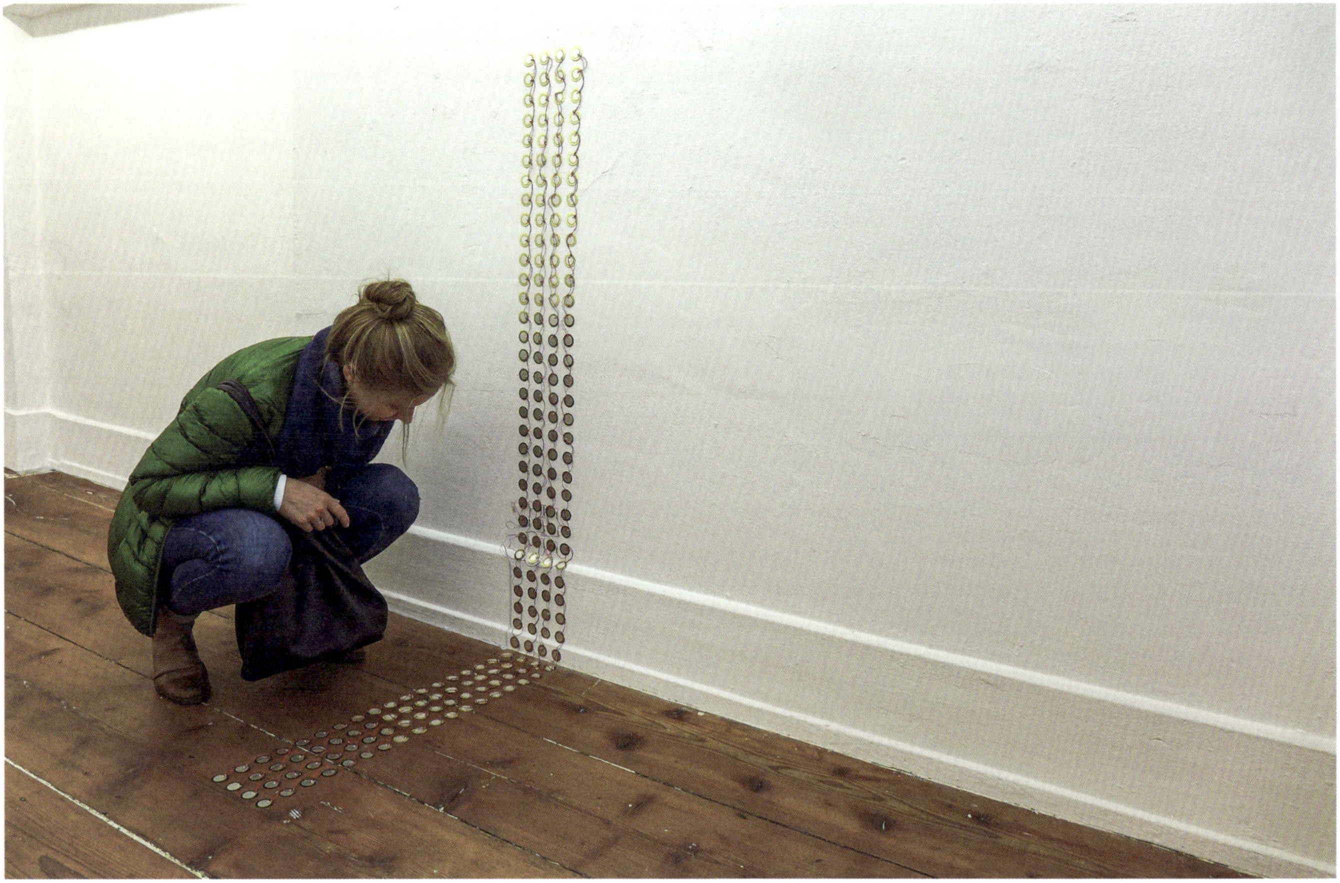

Knick

2021, Klanginstallation.
126 Schallwandler, Litzenkabel, Audioanlage, 4-Kanal Komposition

Künstlerhaus S11, Solothurn, Schweiz

Kratzig bis schabende Klangereignisse brechen aus den Ecken, wandern, werden dicht und konstruieren sich wieder neu zusammen.

Kink

2021, sound installation.
126 transducers, stranded cable, audio system, 4 channel composition

Künstlerhaus S11, Solothurn, Switzerland

Sound events ranging from scratchy to scraping emerge from the corners. They amble around, solidify, and reconstruct themselves anew.

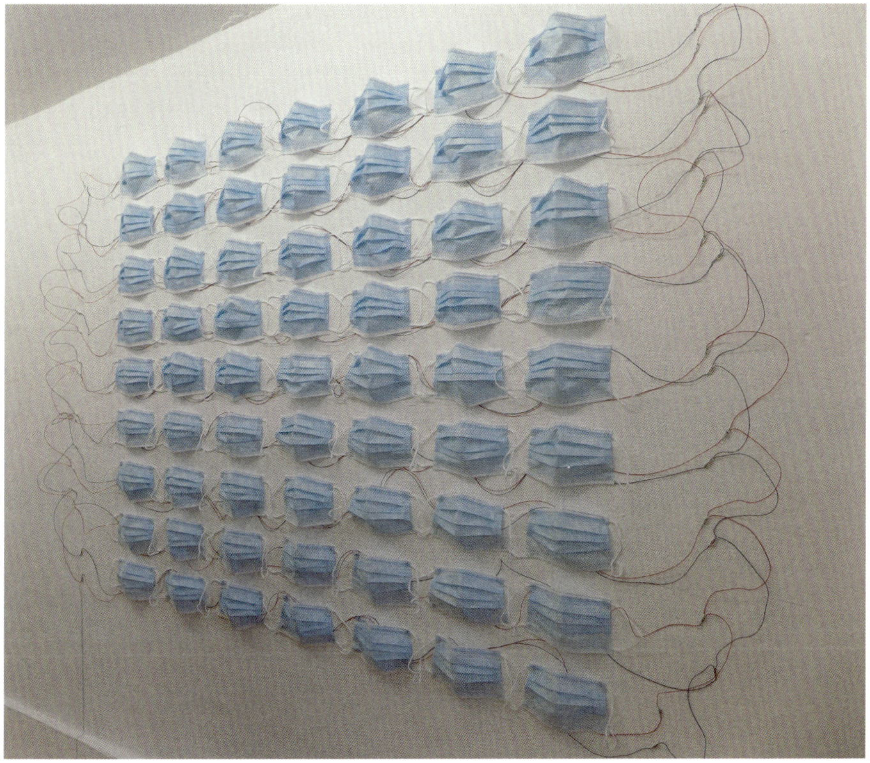

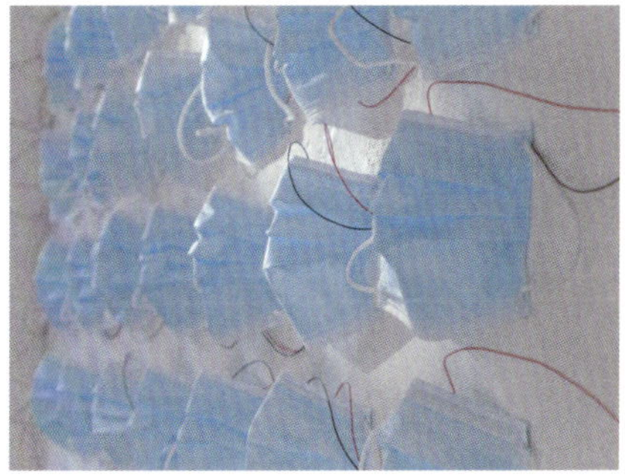

inhale-exhale

2021, Klanginstallation.
126 Hygienemasken 126 Schallwandler, Litzenkabel, Audioanlage, 2-Kanal Komposition

Künstlerhaus S11, Solothurn, Schweiz

Hygienemasken sind seriell in Form von zwei Feldern (120 x 150 cm) an zwei sich gegenüberliegenden Wänden installiert. Minimalistisch hauchen Atemgeräusche von einer Wand zur anderen Wand.

inhale-exhale

2021, sound installation.
126 hygiene masks 126 sound transducers, stranded cable, audio system, 2 channel composition

Künstlerhaus S11, Solothurn, Switzerland

Hygiene masks are installed serially in the form of two fields (120 x 150 cm) on two walls facing each other. Minimalist breathing sounds whisper from one wall to the other.

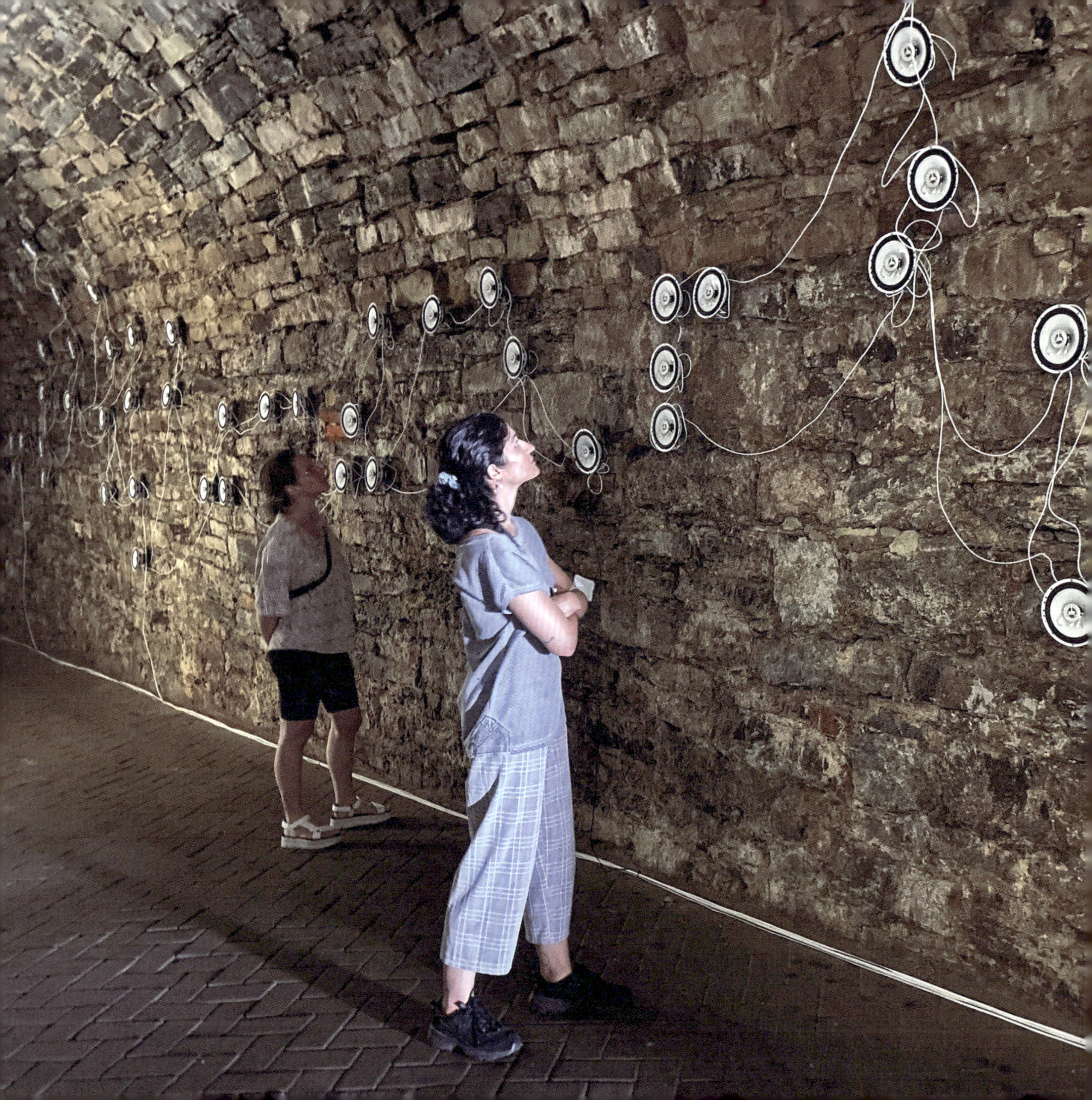

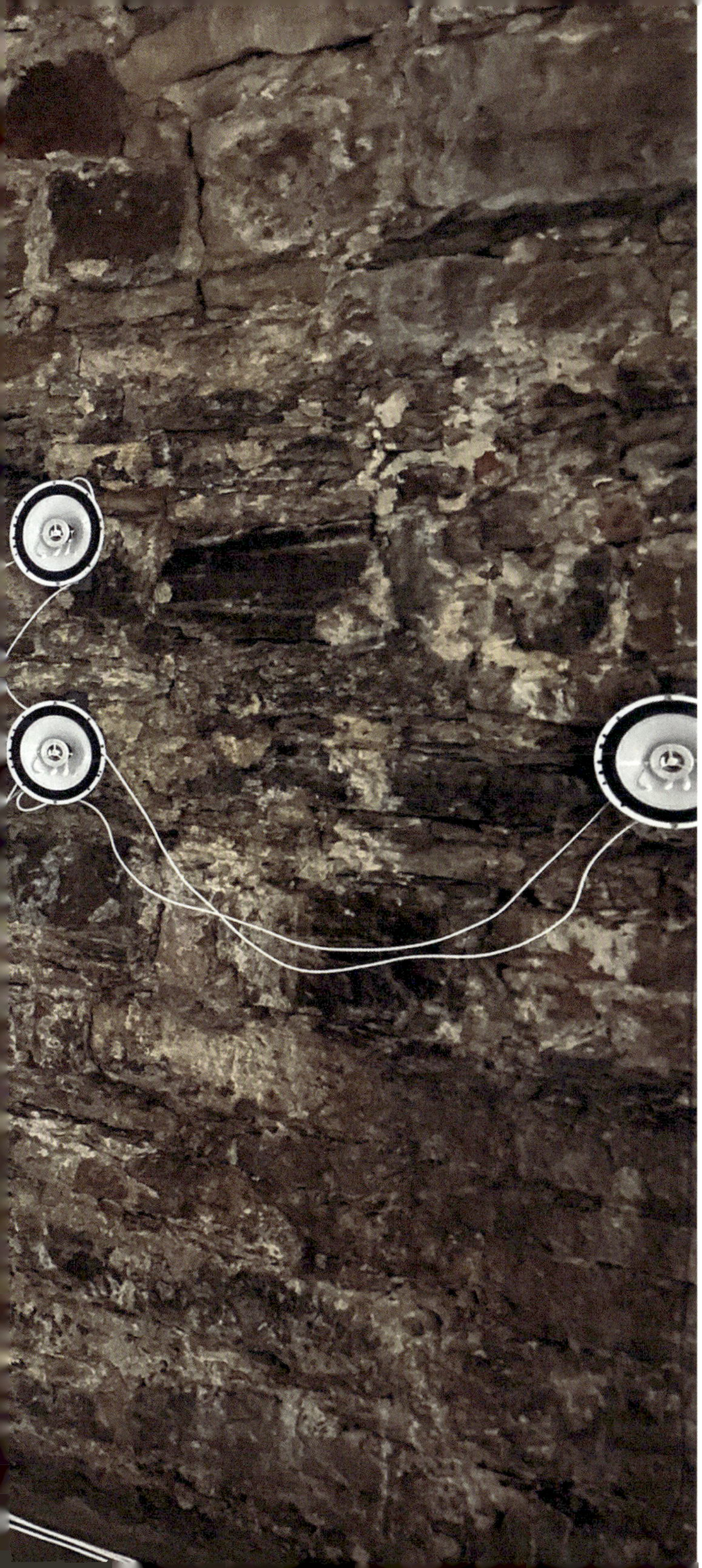

transient

2021, Klanginstallation.
128 Breitbandlautsprecher, Litzenkabel,
Spatial Audio, 8-Kanal Komposition,
100 x 3,5 x 4 m

Intraregionale: Klangkunstfestival in der Region Hannover

transient

2021, sound installation.
128 broadband loudspeakers, stranded cable, spatial audio, 8 channel composition,
100 x 3.5 x 4 m

Intraregionale: sound art festival in the Hanover region

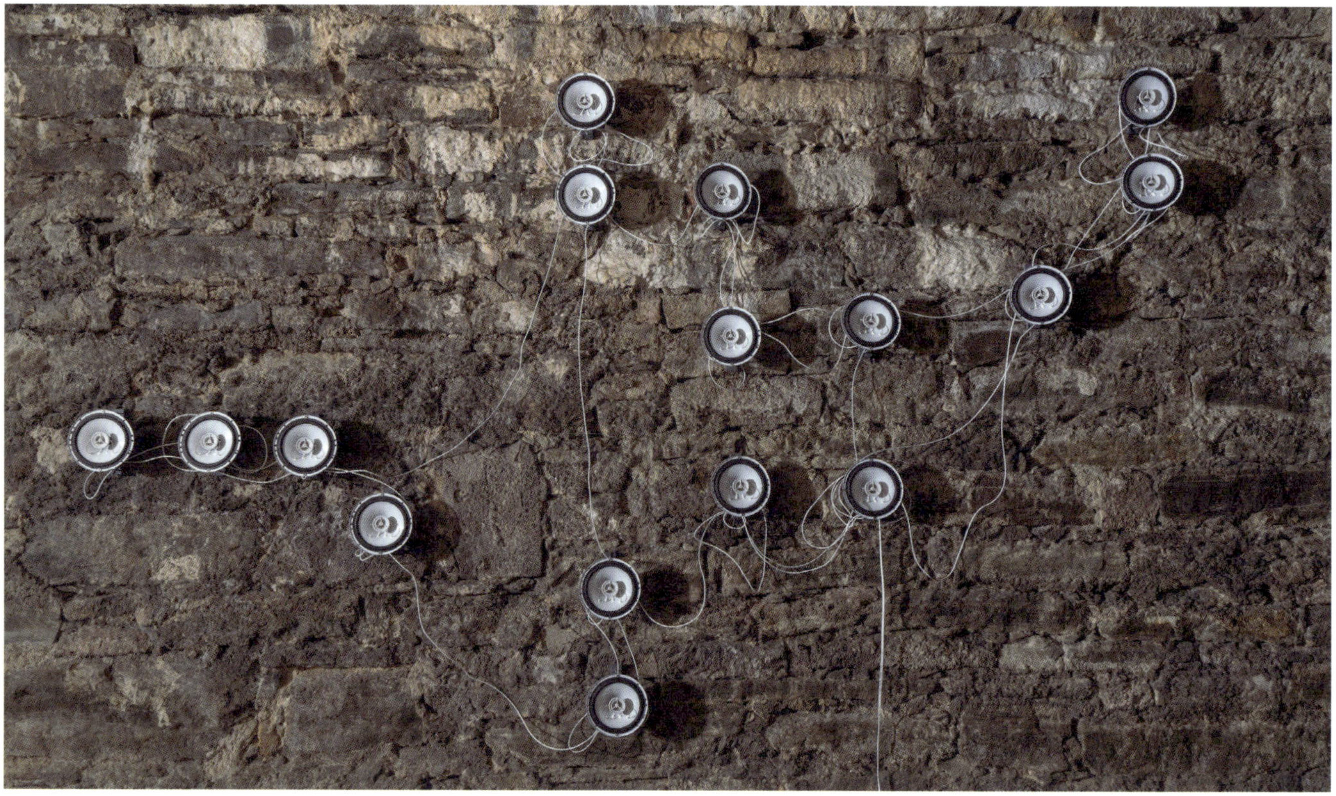

Ein fast 100 m langer Gang dient den Fledermäusen als Winterstätte. Im Sommer leben sie außerhalb, doch Ihre Rufe sind zu keiner Jahreszeit fürs menschliche Ohr hörbar. Die unterschiedlichen Texturen der Sommerklänge der ausgeflogenen Fledermäuse werden aus der unmittelbaren Umgebung, auf Moorwiesen, der Schlossmauer, an Seeufern per Bat Recorder aufgenommen, transponiert und dann für acht Lautsprechergruppen bearbeitet. Die entstandene Spatial Audiokomposition klingt in den gerade Fledermaus-leeren Gang. Eine Besonderheit der Arbeit ist die Länge des Raumes: während die Besucher den Gang entlang schreiten, werden die Klänge in ihrer Zeitlichkeit sehr unterschiedlich wahrgenommen.

The bats spend their winter in this corridor, almost 100 m long. In summer though, they live outside. Obviously the textures of sounds they make there, in an environment with meadows, castle wall, the banks of a lake, are richly varied. Summer or winter though, their sound frequencies are inaudible to us. Using a bat detector, Clara Oppel records these summer sounds, transposes them to a frequency range accessible to us, transforms them and rearranges them for eight groups of loudspeakers. The resulting spatial audio composition resounds in the currently batless passage. A particular feature of the work is the sheer length of the space. As visitors proceed along the passage, they perceive the sounds at time intervals which vary, depending on their distance from the loudspeakers.

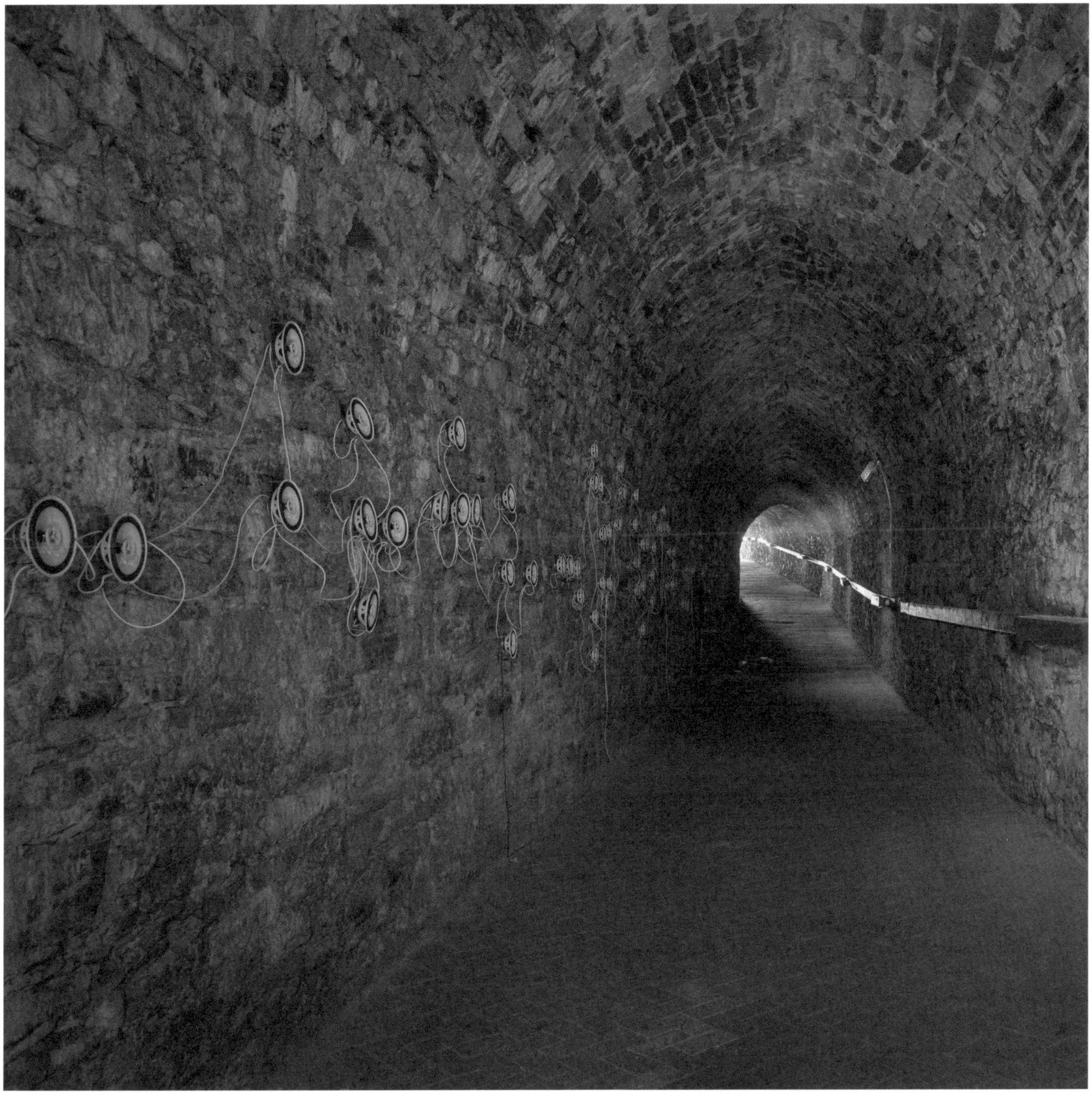

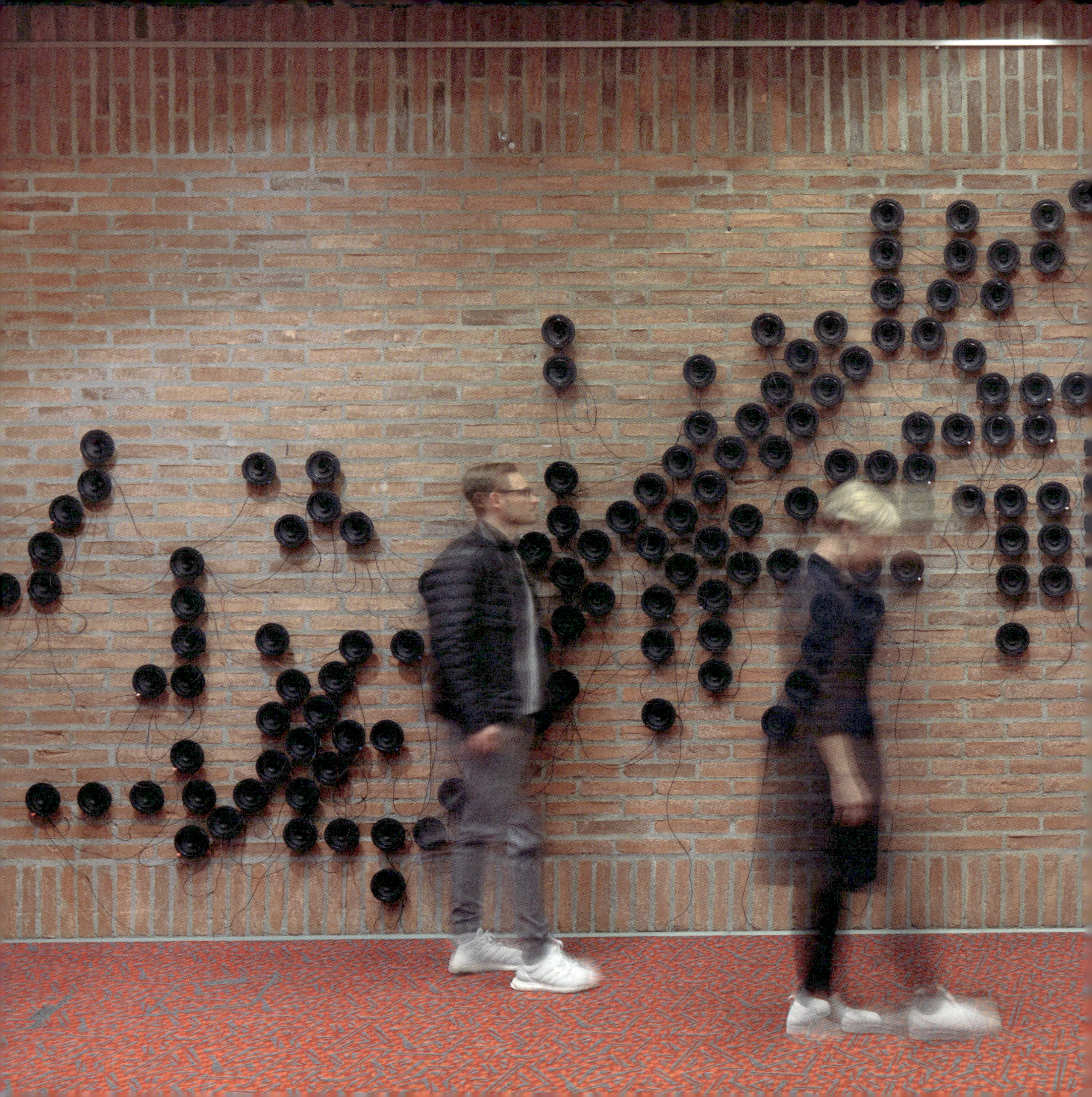

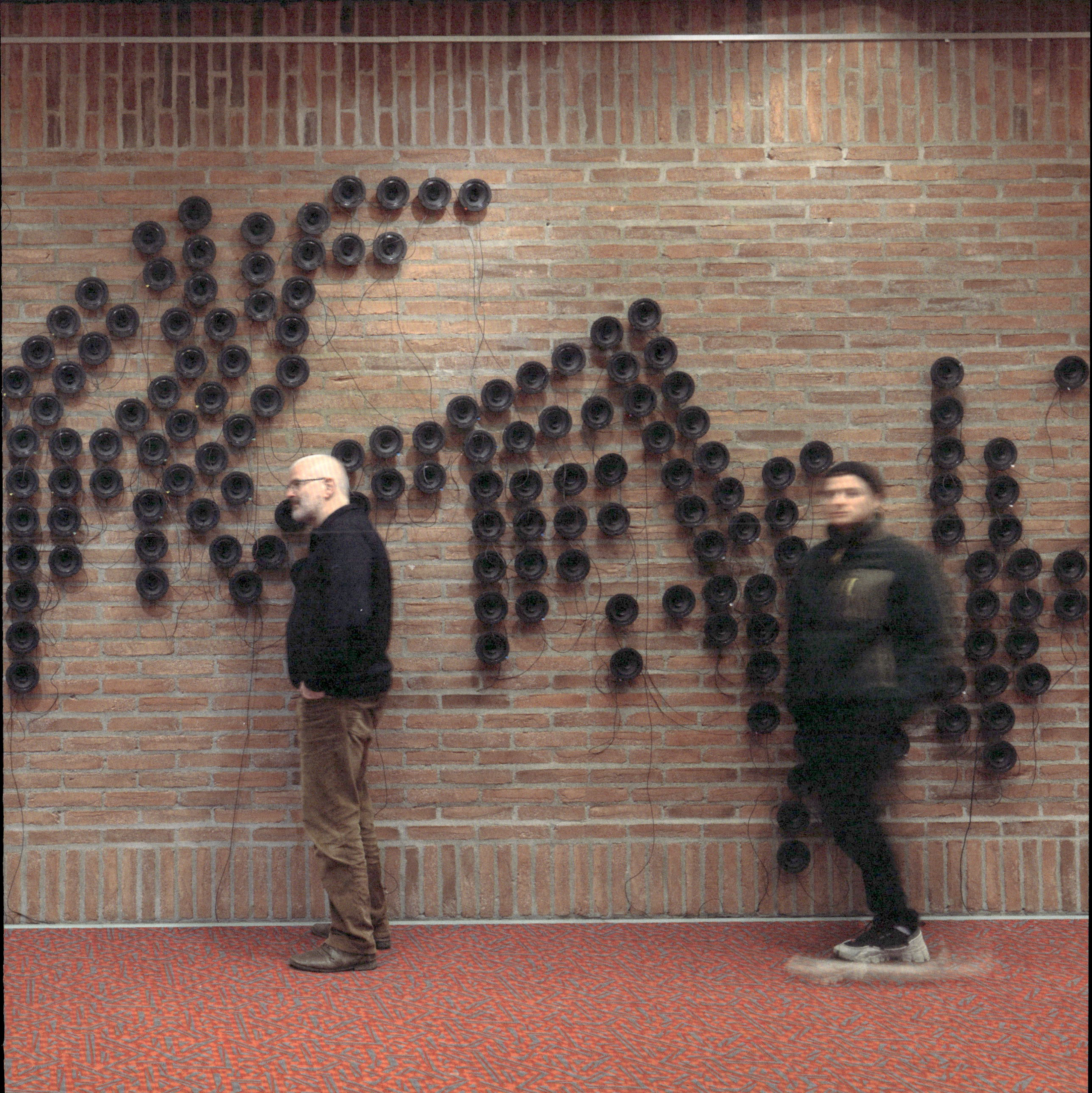

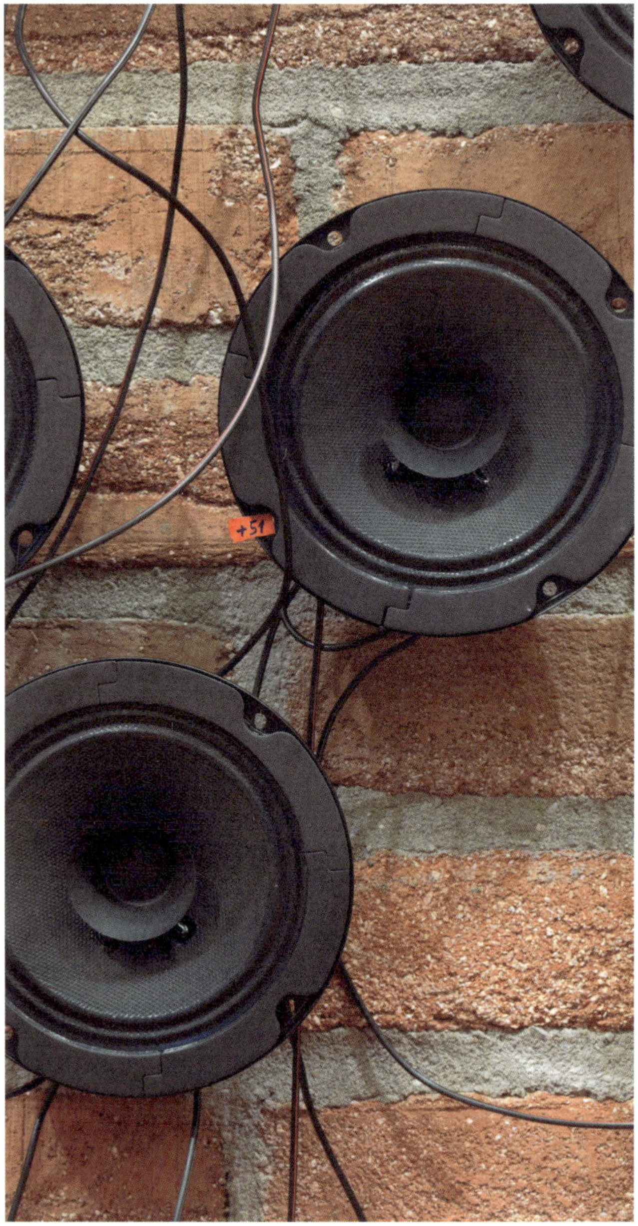

RischArt_Projekt, Gasteig, München

texere

2020, Klanginstallation.
392 Lautsprecher, Audioanlage, 8-Kanal Komposition, 3,8 x 11 m

Die Komposition besteht aus Sprachlauten, Sprachfragmenten, Atemgeräuschen und unterschiedlichsten Klanggestalten.
Zu hören sind Klänge, die sich in zeitlichen Intervallen an der Wand fortbewegen und überlagern. Der Schall der wandernden Töne wirft sich gleichzeitig von der gegenüberliegenden Fensterscheibe zurück. Im Raum zwischen Wand und Scheibe empfangen unsere Ohren den Nachhall dieser räumlichen Klangabbildung. Je nach Position der Hörer:innen entstehen Assoziationen und Vorstellungsbilder, und es ergibt sich gleichsam ein Gespräch.

texere

2020, sound installation.
392 speakers, audio system, 8 channel composition, 3.8 x 11 m

The composition consists of speech sounds, speech fragments, breathing noises, and all kinds of sound creations.
One hears sounds which move along the wall at intervals of time and overlap. The sound of the meandering tones is simultaneously reflected back from the window pane opposite. In the space between the wall and the window pane, our ears perceive the reverberation of this spatial sound image. Associations and imagined images depending on the position of the listener come into being, and a conversation, as it were, ensues.

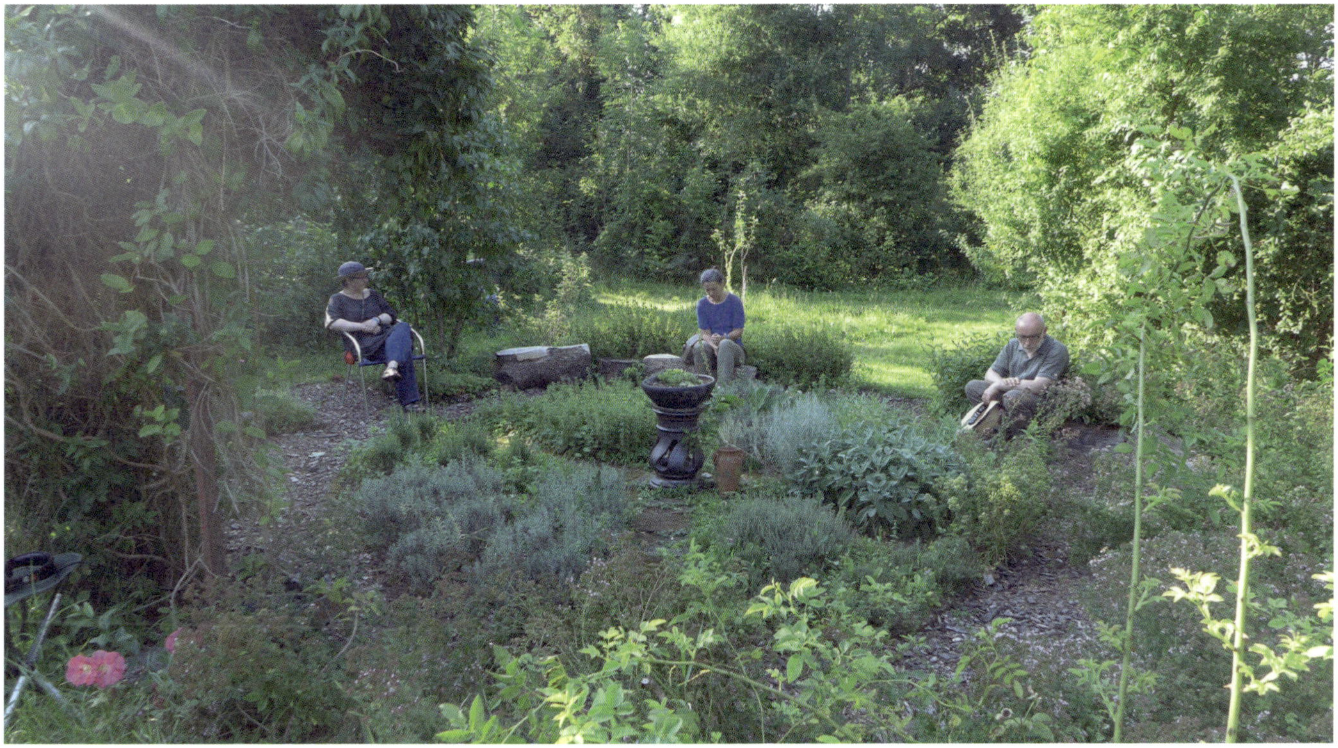

darüber hinaus II

2020, Klanginstallation.
4 Lautsprecher, Kabel, Audioanlage, 4-Kanal Komposition

PARQUE DEL iSOLation, LAMES / IMA St. Pölten

Visuell kaum wahrnehmbar sind 4 Lautsprecher in den Garten eingesetzt. Die Klanginstallation bezieht sich auf die vorhandene Botanik mit Ihrer städtischen Umgebung und greift deren Klangereignisse interpretierend auf. Zu hören sind elektronisch bearbeitete O - Töne aus der Natur und dem umliegenden Stadtraum.

beyond that II

2020, sound installation.
4 loudspeaker, cables, audio system, 4 channel, composition

PARQUE DEL iSOLation, LAMES / IMA St. Pölten

Four loudspeakers are so positioned in the garden that they are hardly visible. The sound installation uses the garden vegetation and its urban environment, and interprets the associated acoustic events. One hears electronically transformed sounds from nature and the surrounding town.

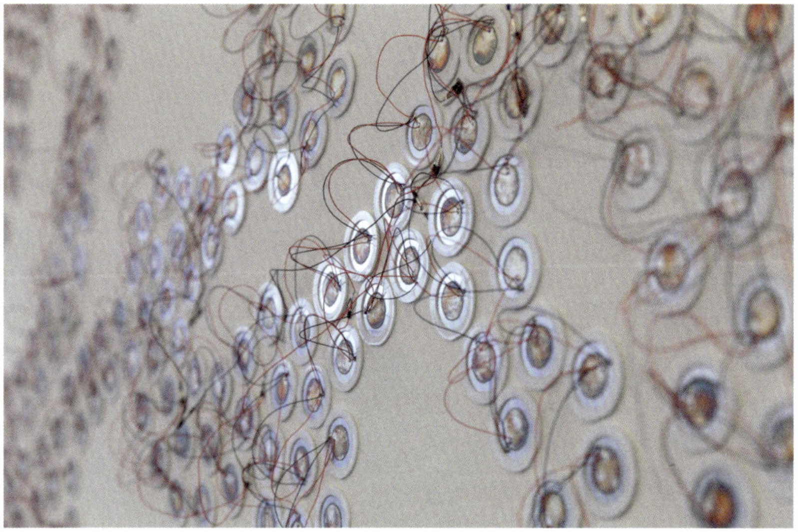

im bewegten Raum

2020, Klanginstallation.
1160 Piezo Schallwandler, Litze, Spatial Audio System, 4-Kanal Komposition, 4,5 x 3,5 m

‹ rotor › Zentrum für zeitgenössische Kunst, Graz

Eine große Anzahl von Schallwandlern hat Clara Oppel für ihre Audioinstallation in acht Klangfelder unterteilt. Jedes davon kann individuell angesteuert werden. Eingespielt wird von der Künstlerin gesammeltes akustisches Material, das sie digital bearbeitet und komponiert hat. Das so entstandene Audiostück ist an der Schallwandler-Wand in Bewegung, und stimmt darin mit der visuellen Gestaltung überein, die auf eine Zeichnung der Künstlerin aus den 1990er-Jahren zurückgeht. Diese ist damals durch Verdrehen, Wenden und Skalieren einer Grundform entstanden.

in moving space

2020, sound installation.
1160 piezo transducers, spatial audio system, stranded wire, spatial audio system, 4 channel composition, 4.5 x 3.5 m

‹ rotor › center for contemporary art, Graz

For her audio installation, Clara Oppel divides a large number of sound transducers into eight sound fields, each of which can be controlled individually. The audio material collected by the artist is digitally processed and composed. The resulting audio object moves around on the sound converter wall. It corresponds with the visual design, which is based on a drawing by the artist from the 1990s. That drawing was created by twisting, turning, and scaling a basic shape.

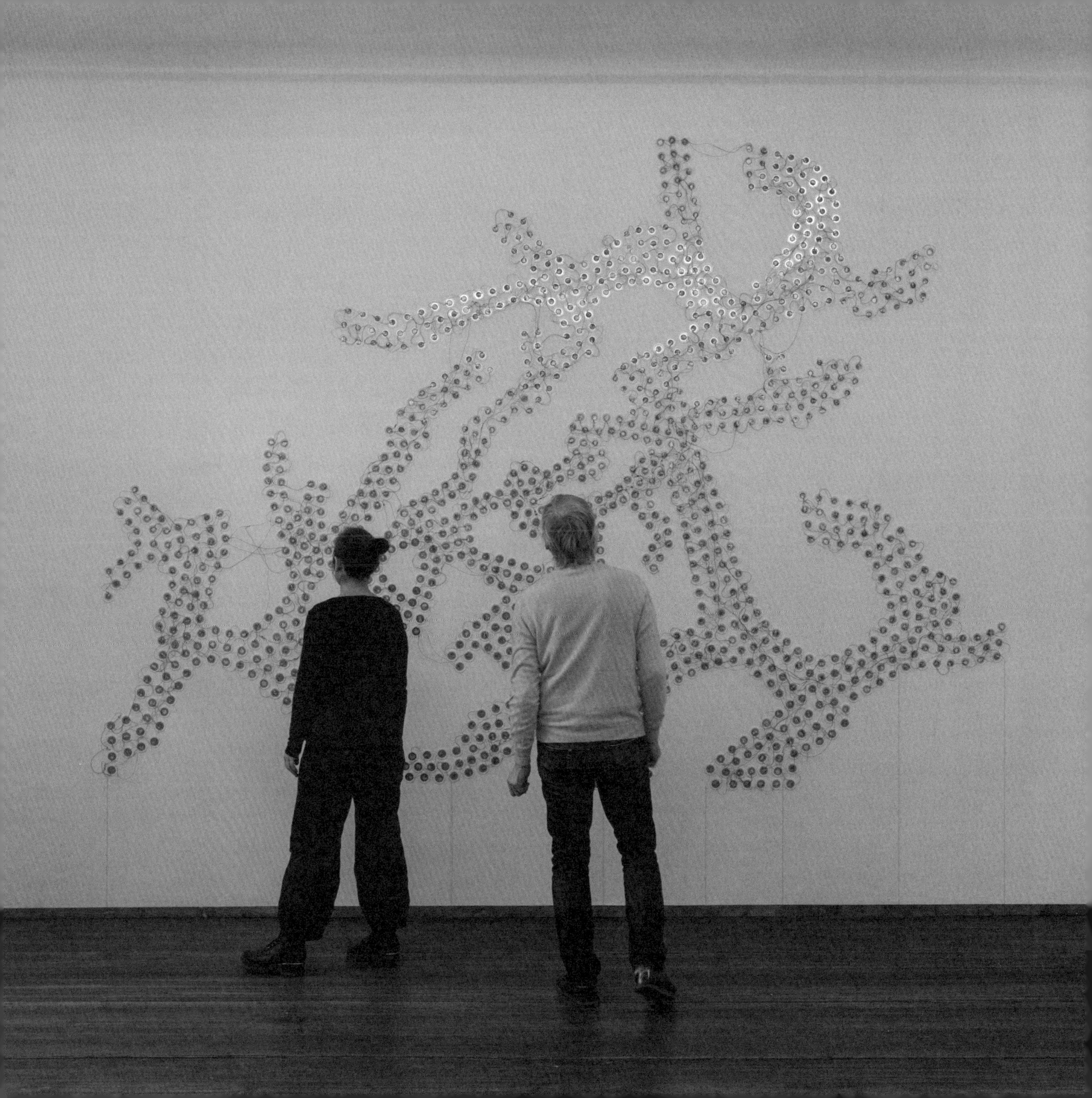

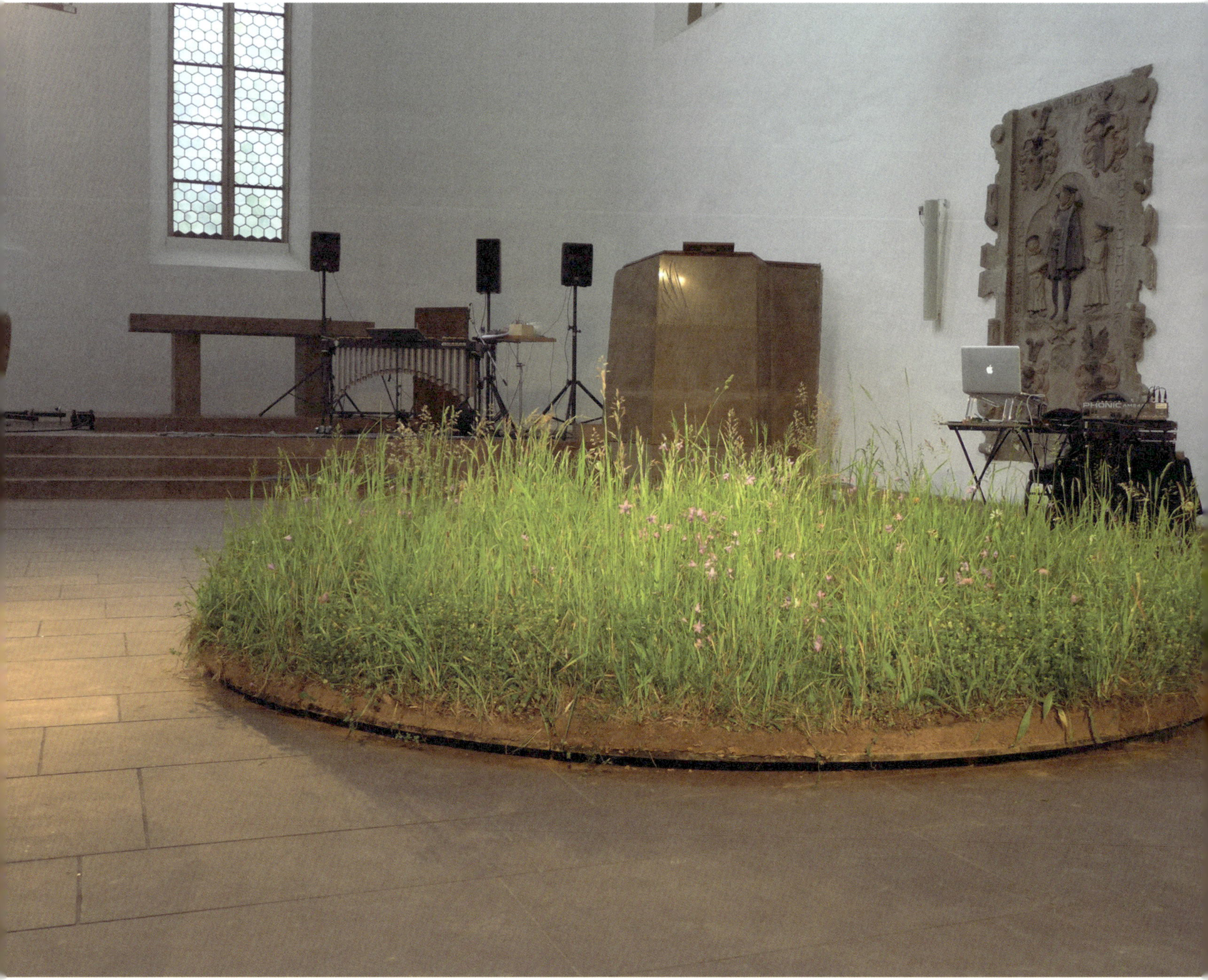
PHONIC

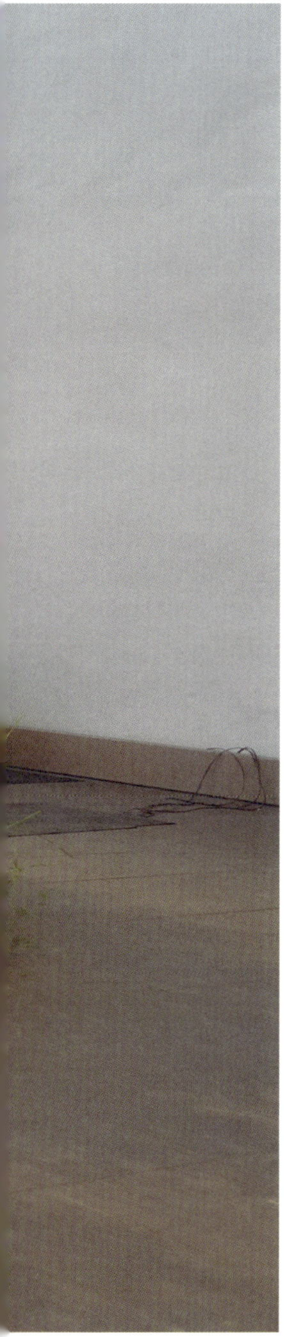

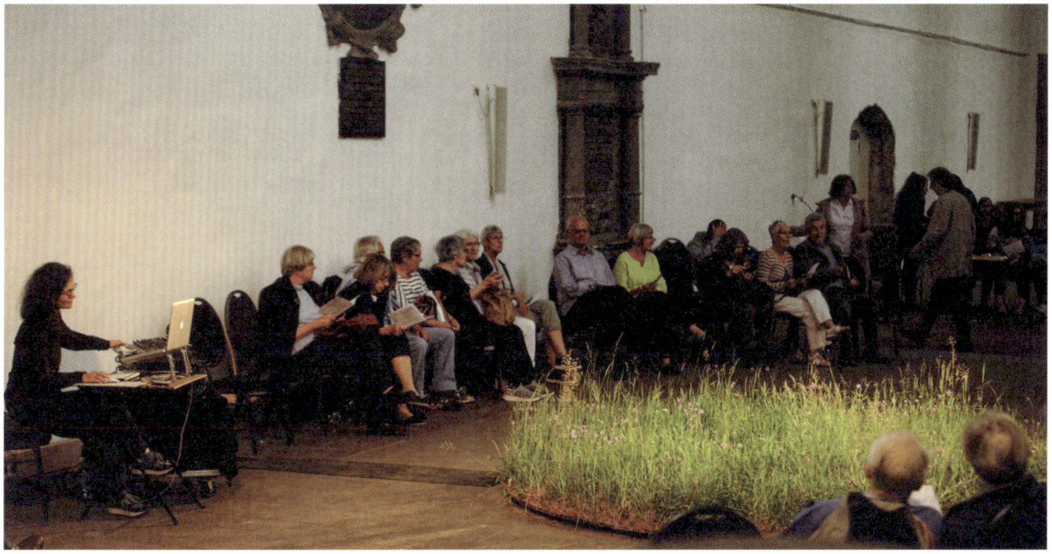

natural sounds

2019, Klangskulptur.
4-Kanal Audio/Performance mit Olaf Pyras, Holz, Wiese, ø 3,50 m

achtmal alte Brüderkirche, Kassel

natural sounds

2019, sound sculpture.
4 channel audio/performance with Olaf Pyras, wood, meadow, ø 3.50 m

achtmal alte Brüderkirche, Cassel

change

2017/18, Klangobjekt/Lautgedicht.
2-Kanal Audio, Litze, Holz, 100 Lautsprecher,
60 x 180 cm

Kunstverein periscope, Salzburg

change

2017/18, sound object/sound poem.
2 channel audio, stranded wire, wood, 100
loudspeakers, 60 x 180 cm

Art association periscope, Salzburg

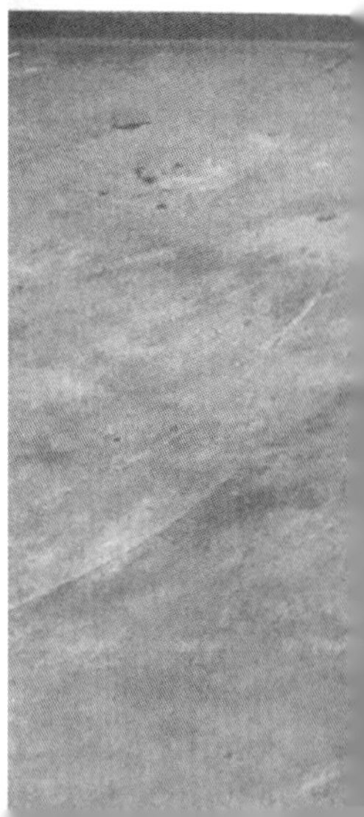

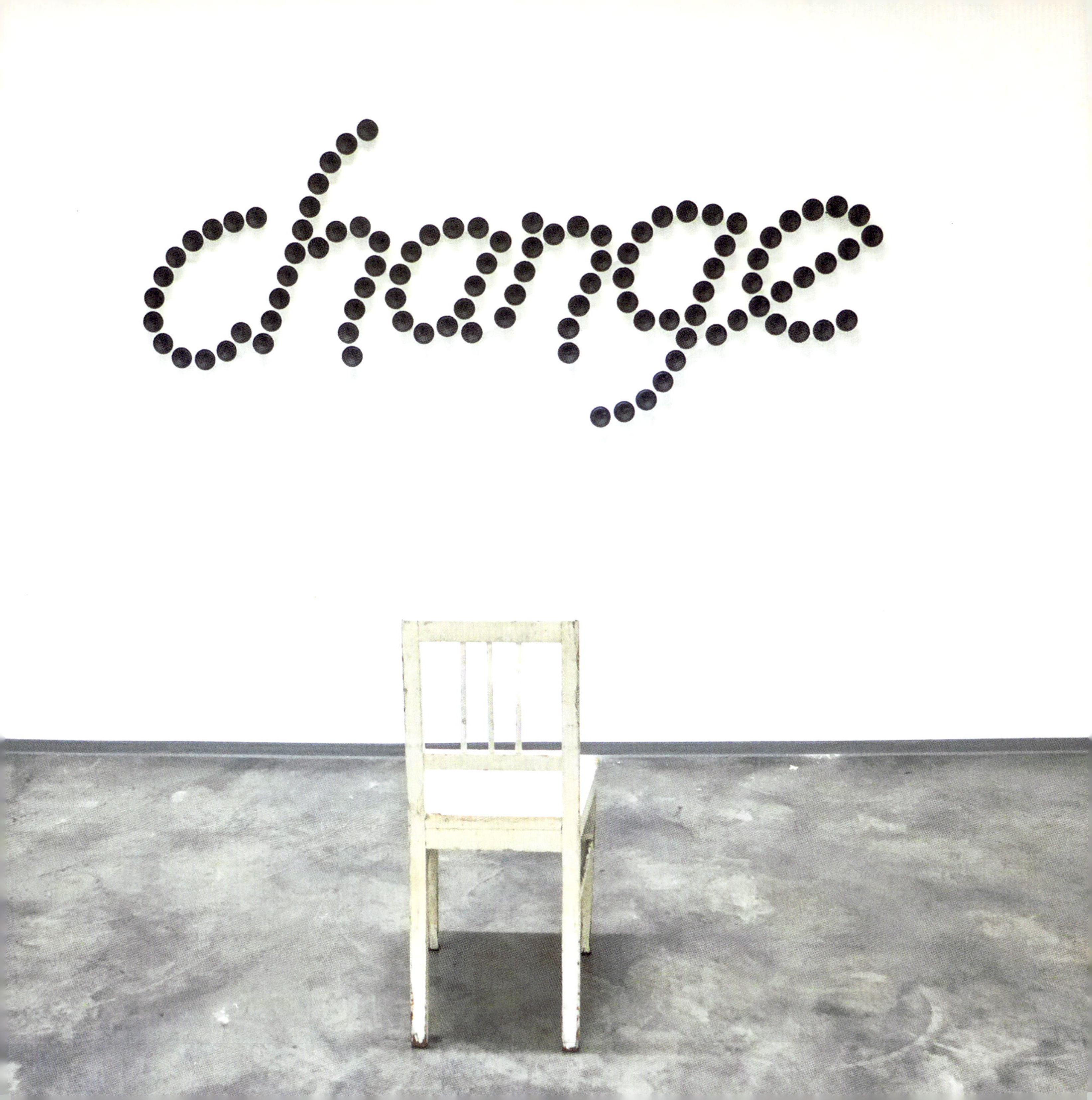
change

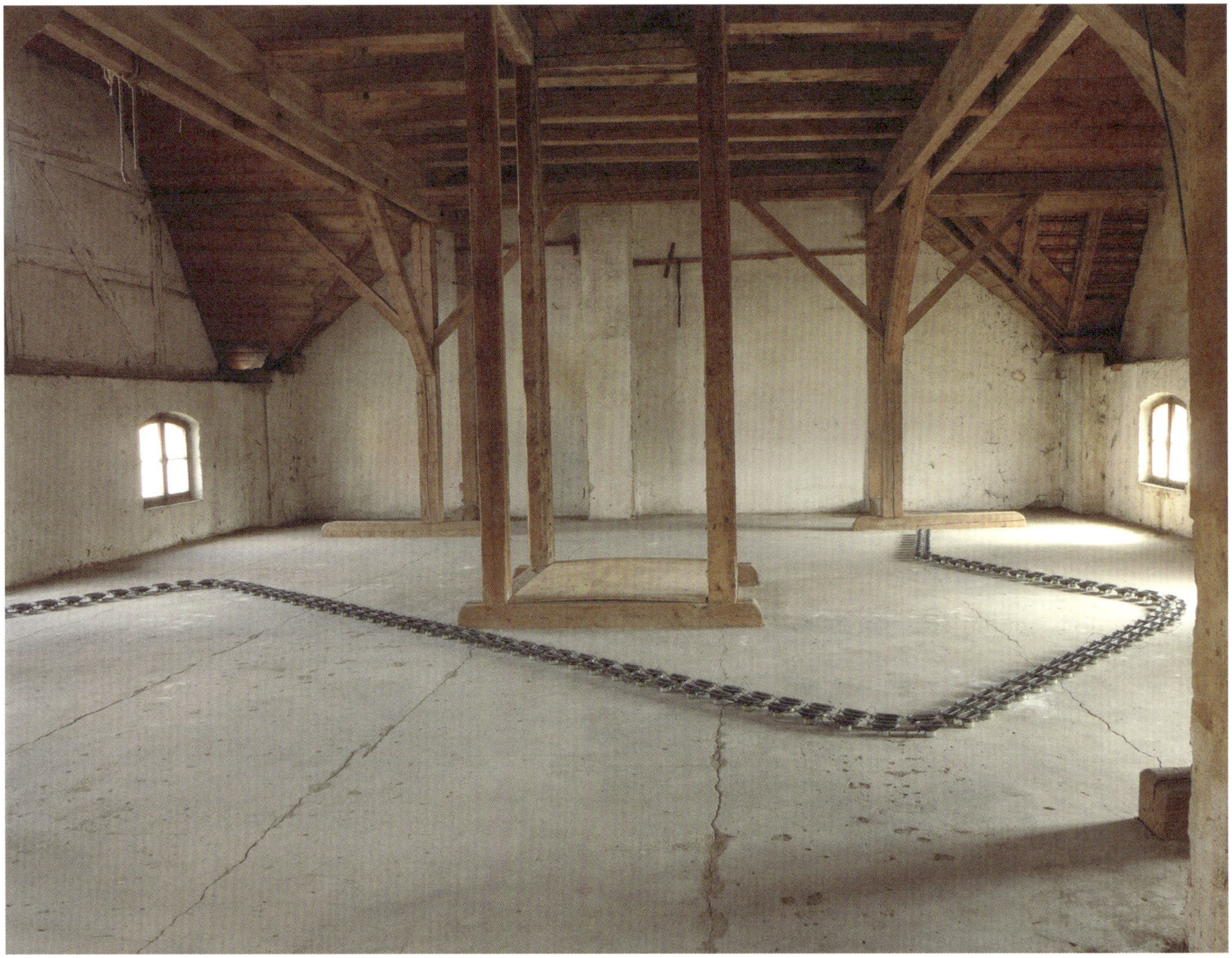

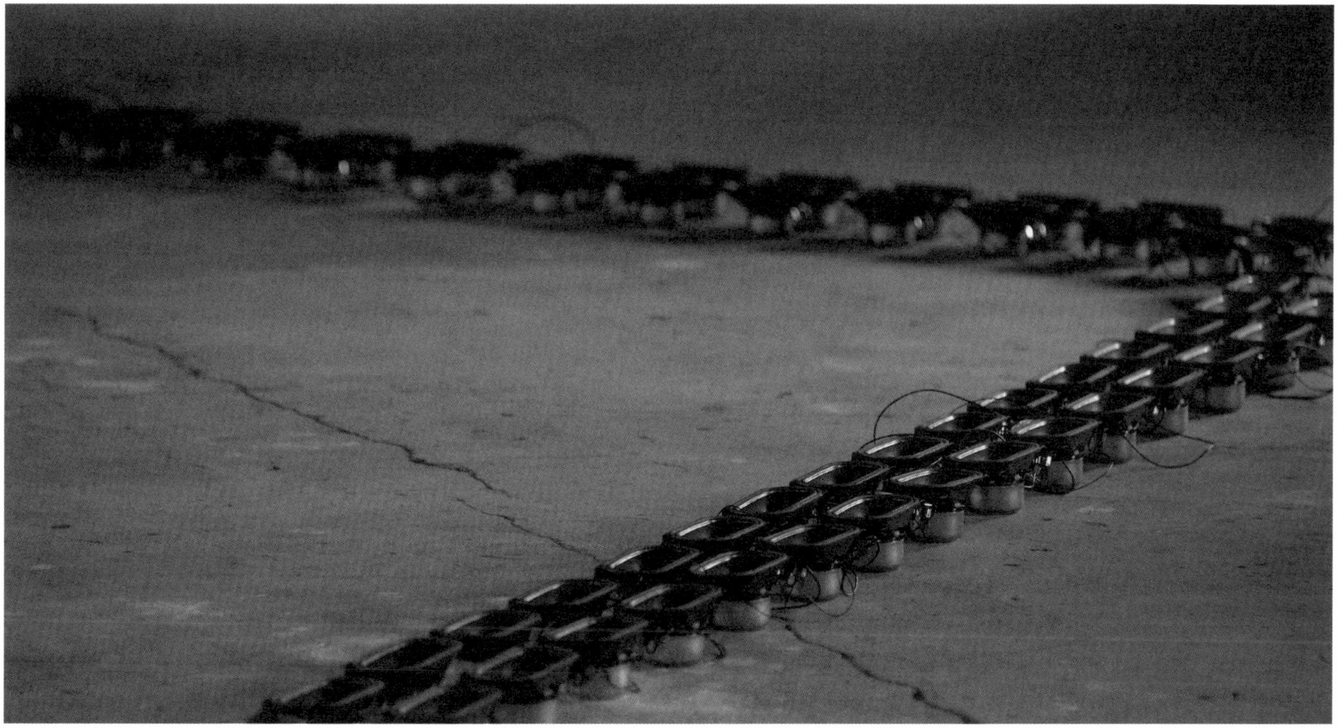

Obsessionen

2017, Klanginstallation.
4-Kanal Audio, 100 Lautsprecher, Komposition, Größe variabel.

Kulturpalast Anwanden/Nürnberg

Obsessions

2017, sound installation.
4 channel audio, 100 speakers, composition, size variable.

Kulturpalast Anwanden/Nuremberg

da

2016, Klangobjekt/Lautgedicht.
2-Kanal Audio, Litze, Holz, 37 Lautsprecher, Komposition, 90 x 76 cm

MAERZ Galerie, Linz

and now

2016, sound object/sound poem.
stranded wire, wood, 37 speakers, 2 channel audio, composition, 90 x 76 cm

MAERZ Gallery, Linz

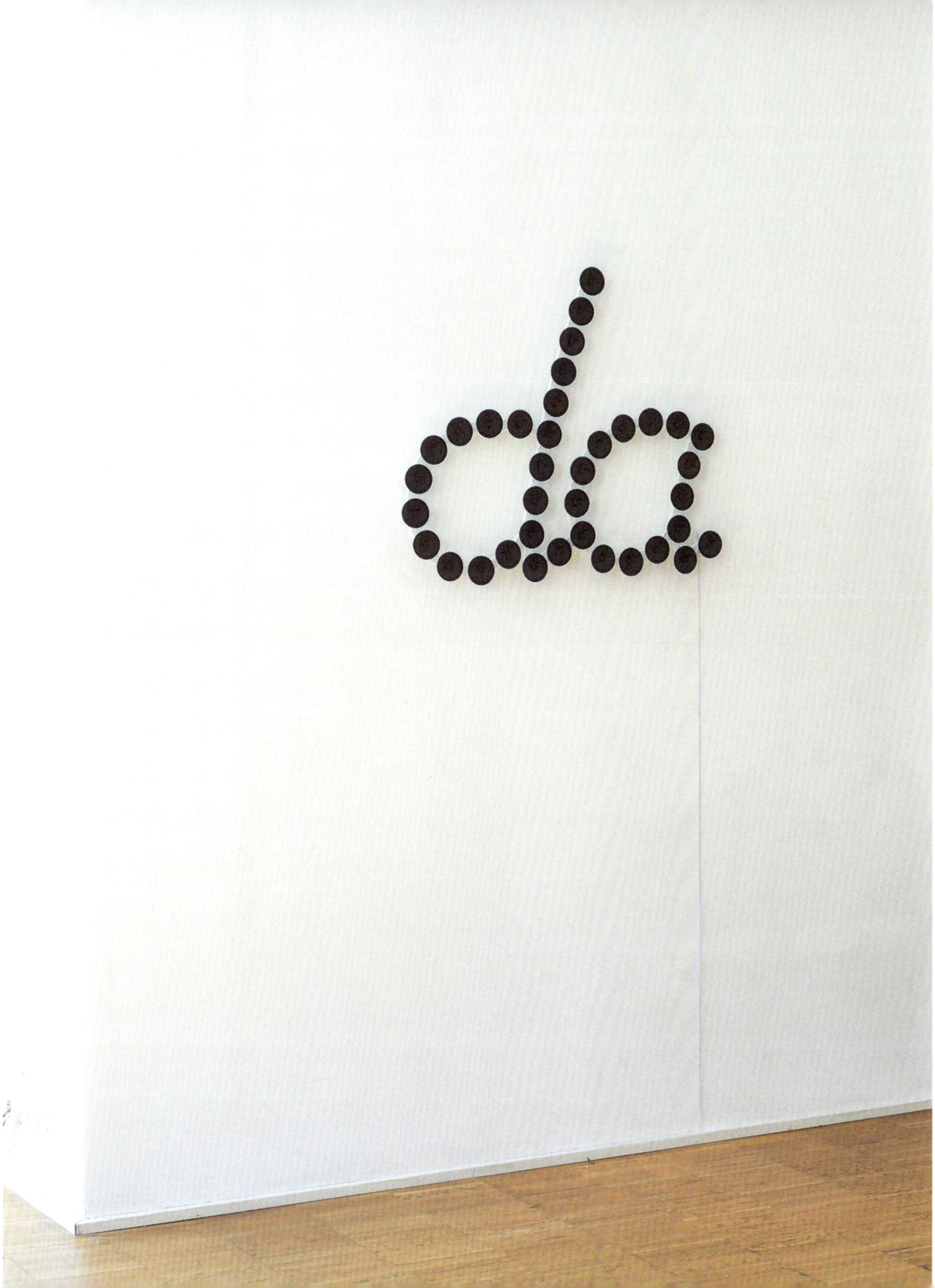

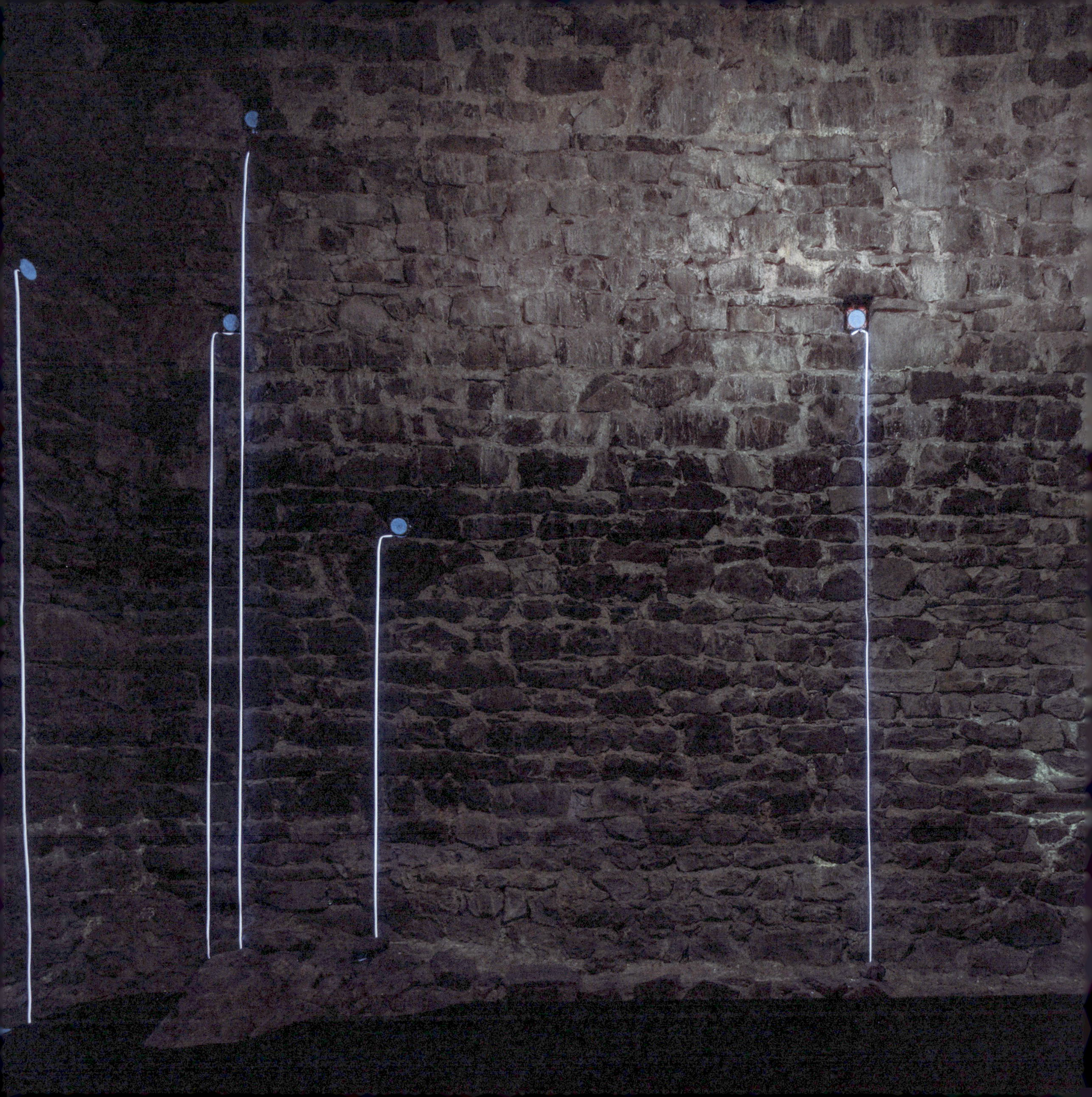

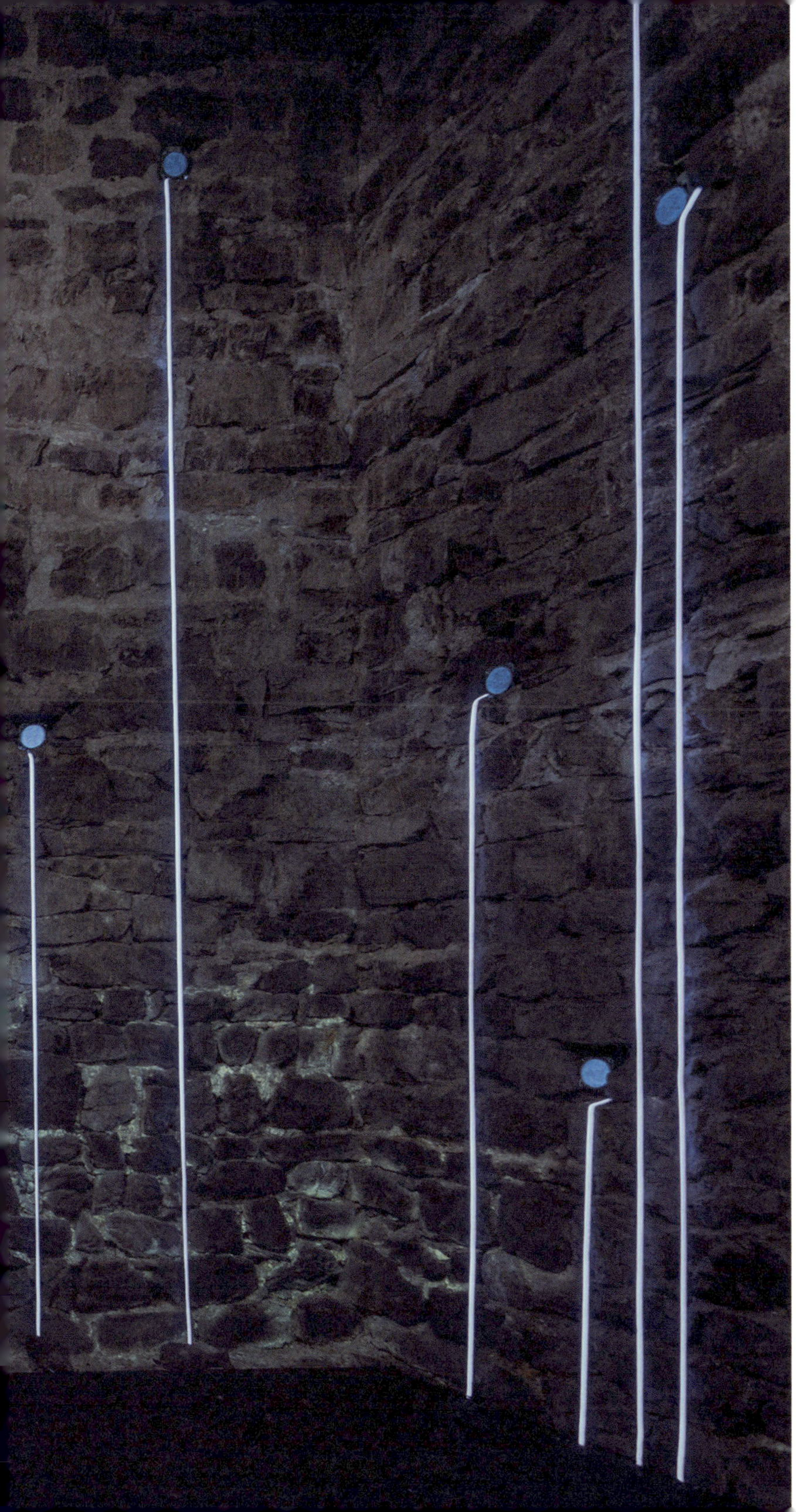

wander te-ich

2016, Licht- und Klanginstallation.
32 Lautsprecher, Spatial Audio System,
4-Kanal Komposition. Größe variabel.

Schloss Werdenberg, Schweiz

wander te-ich

2016, light and sound installation.
32 loudspeakers, spatial audio system,
4 channel composition. Size variable.

Werdenberg Castle, Switzerland

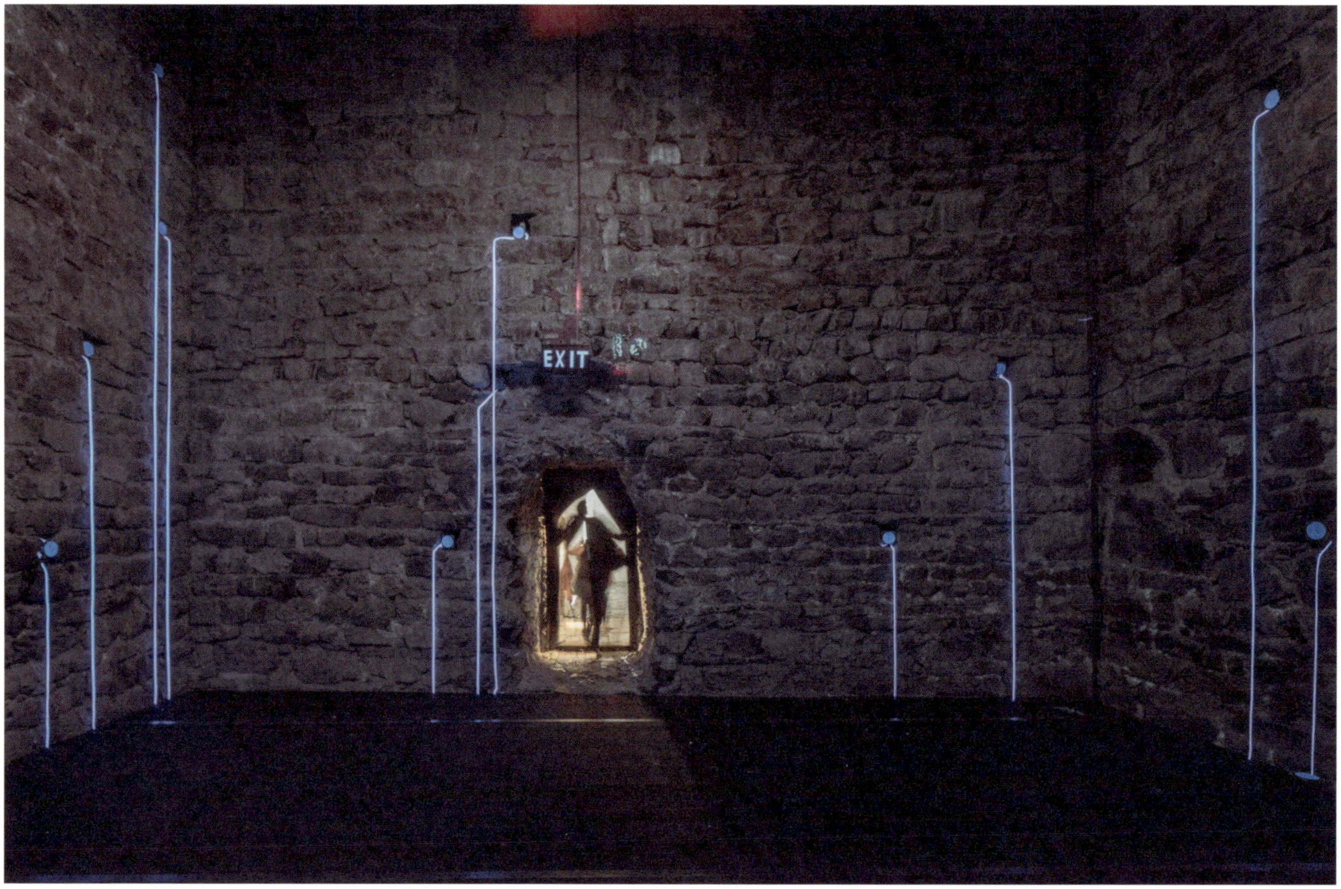

Eindrücke aus der Vergangenheit hallen im akustischen Gedächtnis nach und vermischen sich mit dem Gegenwärtigen. Die Zeit spricht in den alten Gemäuern. Als Kontrapunkt wird im unmittelbaren Außenraum des Schlosses nach Geräuschen gesucht, die oft kaum wahrgenommen werden, aber doch vorhanden sind. Dieses ausgewählte akustische Material, vom Außenraum in den Innenraum gesetzt, wird zum Hörstück komponiert.

Impressions from the past resonate in acoustic memory and intermix with the present. Time speaks in the old walls. As a counterpoint, the adjacent exterior space of the castle is searched for sounds that are often hardly perceived but are nevertheless present. This specially selected acoustic material, piped from outside to inside, becomes an audible composition.

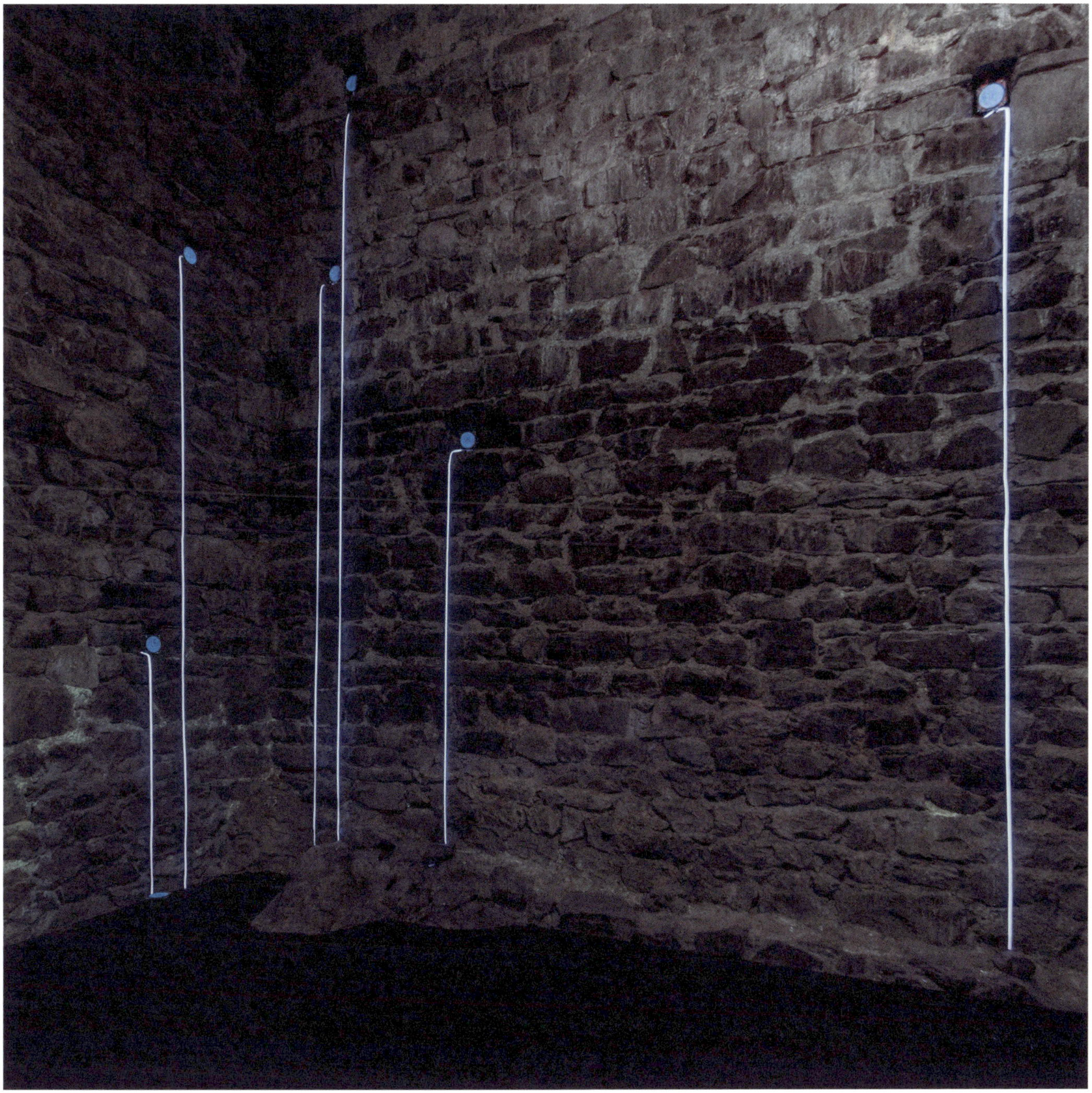

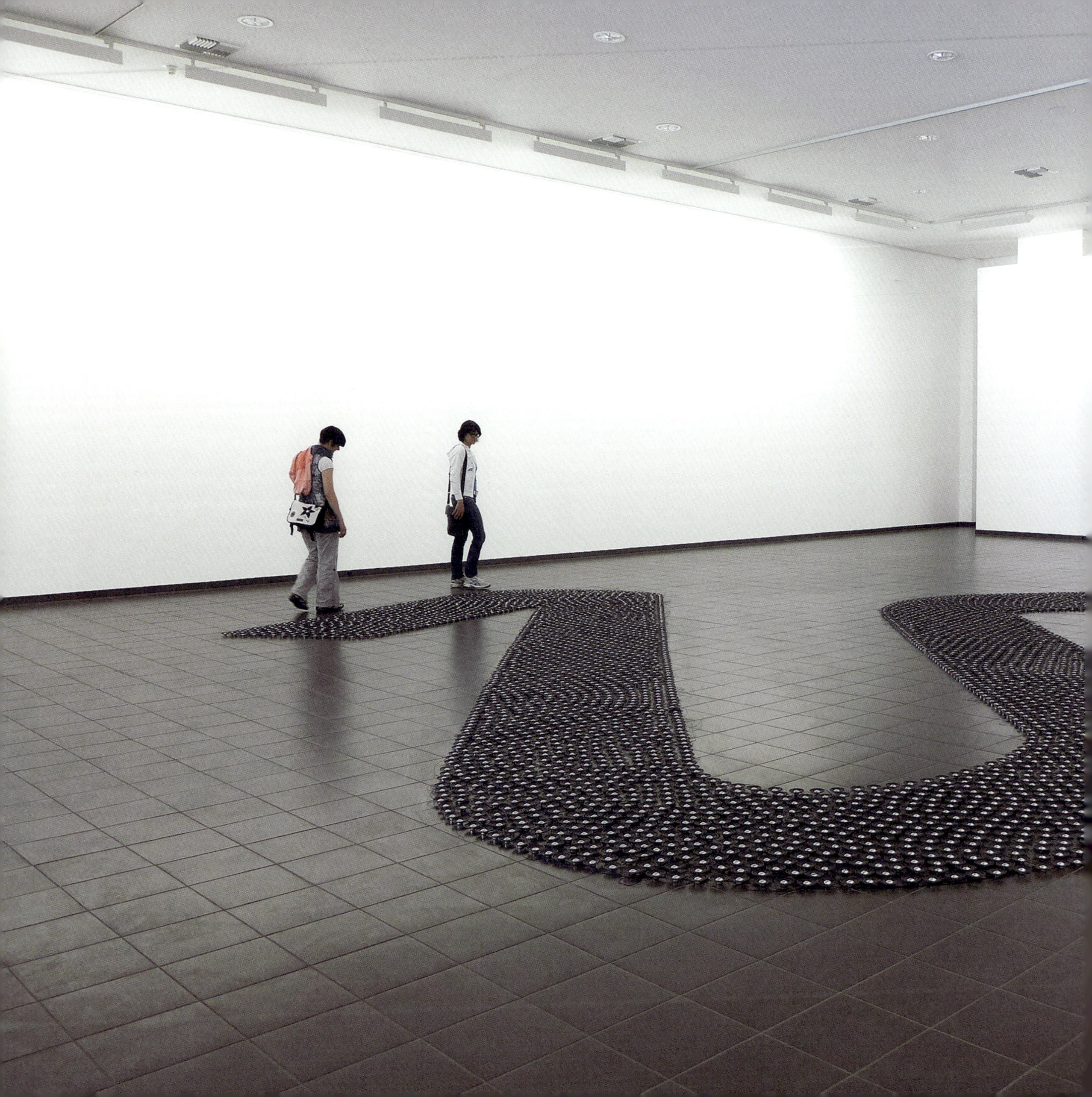

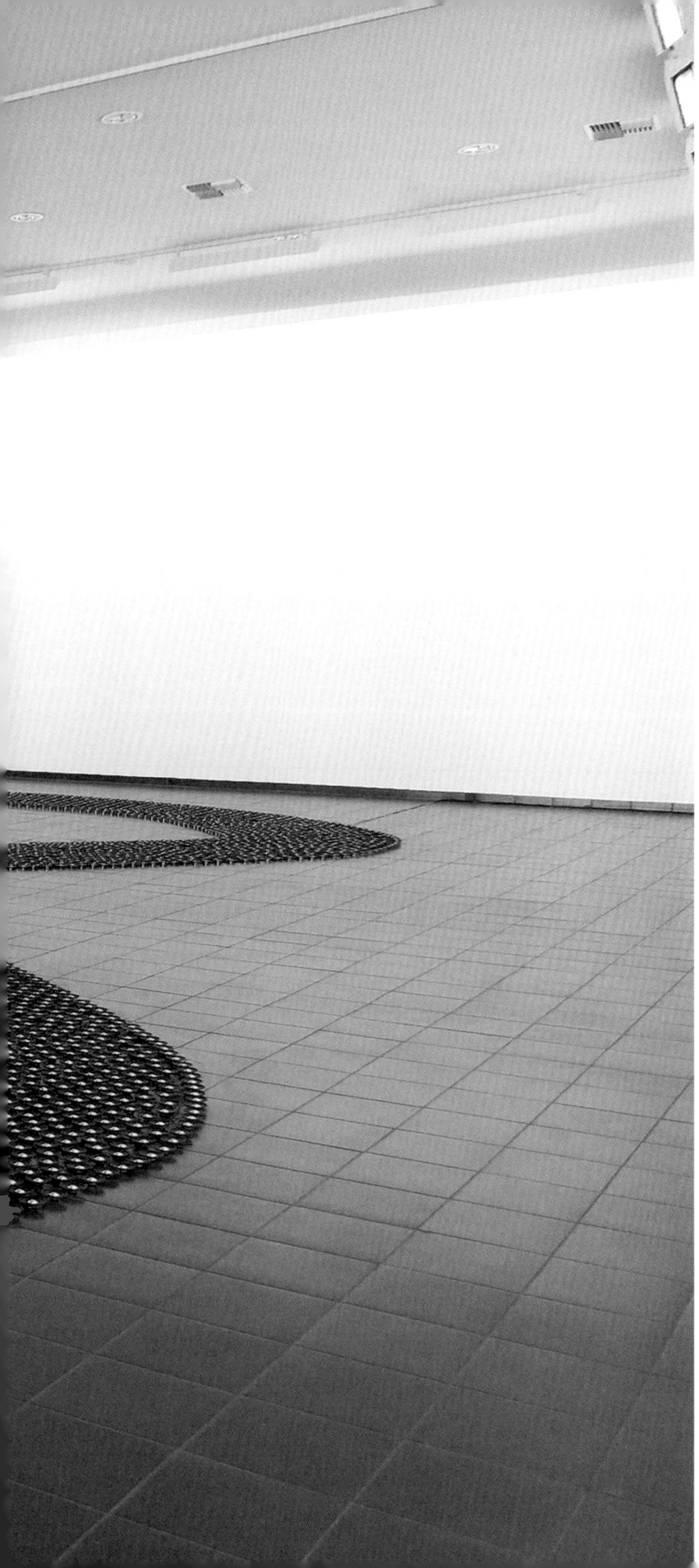

Breathing Space

2015, Klangskulptur.
5400 Kalottenlautsprecher, Litze, Spatial Audio System, 8-Kanal Komposition

Marburger Kunstverein, Marburg, Deutschland

Klangskulptur bestehend aus acht Audiokanälen mit je 675 Lautsprechern als Bodenarbeit, die speziell für die Ausstellung *Breathing Space* im Marburger Kunstverein konzipiert wurde.
Eine Komposition aus Soundscapes, modulierten Klängen und der Fragmentierung eines Satzes: Der Mensch ist der Traum seines Schattens.

Pindar (522 v.Chr. - 445 v.Chr.) „Eines Schattens Traum sind Menschen."
- Achte Pythische Ode

Breathing Space

2015, sound sculpture.
5,400 dome tweeters, stranded wire, spatial audio system, 8 channel composition

Marburger Kunstverein, Marburg, Germany

This sound sculpture, consisting of 8 audio channels, each with 675 loudspeakers as floor-piece, was conceived especially for the exhibition *Breathing Space* at the Kunstverein Marburg.
The composition consists of soundscapes, modulated sounds, and fragments of a sentence: 'Der Mensch ist der Traum seines Schattens.'

Pindar (522-445 BC) 'People are the shadow of a dream.'
Pythian Ode 8.

KUNST ODER KLANG?

Text: Olaf Pyras

KUNST ODER KLANG?

In dem weiten, dreiseitig geschlossenen großen Ausstellungsraum des Marburger Kunstvereins befindet sich die Titelarbeit: *Breathing Space*, 2015: 5400 Kalottenlautsprecher, 8-Kanal Audio, Litze.
Betritt man den Raum in einer der stillen Pausen, ergeben sich zwei Verortungen: Aus den Nachbarräumen erklingen aus der Ferne die anderen, zeitlich abgestimmten Arbeiten von Clara Oppel. Hier, an dem Hauptort, sind es zunächst die eigenen Schritte, die in dem resonanten Gehäuse verhallen. Ein ruhig geschwungenes Objekt erhebt sich leicht von dem schwarzen Steinboden. Ein silbriger Spiegelglanz von 5400 Lautsprecherkalotten mit ihren schwarzen Membranen beschreibt schimmernd einen ruhigen, geordneten wie ebenso rätselhaften Verlauf – gleich einem zahlenähnlichen Zeichen im Raum.
Folgt der eigene Blick den klaren Außenkonturen, ist man an den Verlauf eines Weges erinnert, eines Flussufers mit Lichtern. Folgt man diesen weiter ins Innere, fängt der Blick an, in Schwingung zu geraten, sich zu drehen, wieder eine neue Abzweigung zu erwischen, einen Haltepunkt suchend, wieder an das konturierte Ufer gleiten zu wollen.

ART OR SOUND?

The large exhibition room of the Marburg Kunstverein, enclosed on three sides, is the present home of the title piece, *Breathing Space*, 2015: 5,400 dome loudspeakers, 8 channel audio, cables.
If one enters the room during one of the silent breaks, one is faced with two frames of reference: from the neighbouring rooms, in the distance, come the sounds of the other, chronologically synchronized, works of Clara Oppel. Here though, in the main area, the first thing one notices is one's own footsteps echoing in the resonant space. A gently curved object rises somewhat from the black stone floor. The mirror shine of 5,400 loudspeaker domes glimmers and thereby defines a peaceful and structured but nonetheless enigmatic course – like a numerical sign in the room.
If one follows the clear outlines with one's eyes, one is reminded of a pathway, a riverbank with lights. Following the way even further inwards, one's vision begins to oscillate, looking around, again noticing a new junction, searching for orientation, wanting to glide back to the contoured shore.
Although the floor-piece *Breathing Space* begins and ends as if carved, there seems to be neither beginning nor en-

Obwohl die Bodenarbeit *Breathing Space* wie angeschnitten beginnt und endet, scheint es keinen Anfang und Ende zu geben: Der Blick kann überall starten und sich seinen Weg bahnen. Gleichzeitig wird der umgebene Raum in ruhige, mal enge, mal weite Flächen organisch proportioniert. Die skulpturale Aufforderung sagt: Ich möchte umschritten werden! Die Plätze und Flächen laden zur Erkundung ein, fordern zum Perspektivwechsel auf und ebenso zum Verweilen. Schon erlebt der Besuchende die Einladung zur ersten Atem- und Ruhepause, eine der vielen Deutungsbrücken von *Breathing Space*.

Bei näherer Betrachtung der silbrigen Lautsprecherkalotten gibt es eine Rückkopplung. Der Betrachtende kann sich der Spiegelwirkung nicht entziehen. In jedem Lautsprecher erscheint das eigene Spiegelbild (und das der umstehenden Personen) als „Fisheye" Zerrbild. Es erinnert an Bill Violas frühe Videoarbeit des „weinenden", tropfenden Wasserhahns von 1976, „He weeps for you". Ein, die Umgebung spiegelnder Wassertropfen wird dabei live gefilmt und projiziert. Was Bill Viola in seiner Arbeit untersucht hatte, wird hier kongenial auf der Lautsprecherebene repetiert und zwar tausendfach: Ein Objekt das originär zur Schallabstrahlung dient, wirft die Wellen des sichtbaren Frequenzbereiches, des Lichtes, zurück und umgibt einen mit der unausweichlichen Gewissheit, Teil der Installation zu sein. Innen und außen. Das eine tritt mit dem anderen in Kommunikation. Das Werk und der Betrachter verkoppeln sich zum Betrachtenden im Werk.
Hier kristallisiert sich die Grundstimmung von Clara Oppels Werk heraus: Es schafft den Tonus, die Betrachtenden zu sensibilisieren, zu stimmen, in Resonanz zu bringen und schließlich zu aktivieren. Es schafft, den Weg der multisensorischen Mehrdeutigkeit freizugeben und diesen mitzugehen. Jede Betrachtung einer Deutungsebene lässt eine weitere hervortreten und macht die innere Kohärenz der Mehrdeutigkeit deutlich:

ding anywhere. Your gaze can start anywhere and find its own way. At the same time, the enclosed space forms into organic proportions, into gentle surfaces - sometimes narrow, sometimes broad The sculptural demand is: I want to be walked around! The spaces and surfaces just ask to be explored, demand that one change one's perspective and simply linger. Before they realise it, visitors have reached the first breathing and rest pause - one of many bridges to interpretation in *Breathing Space*.

Closer examination of the silver loudspeaker domes reveals a feedback situation - the viewer just can't escape the mirror effect. One's own reflection (and that of the surrounding people) appears in every single dome, with fish-eye distortion. One is reminded of an early video work by Bill Viola, *He weeps for you*. A waterdrop, reflecting the surroundings, is filmed and projected in real time. What Bill Viola examined in his work is repeated here ingeniously and thousandfold on the loudspeaker level: an object, whose original purpose was to emit sound, reflects the waves of the visual frequency range of light, and surrounds one with the inescapable certainty of being part of the installation oneself. Within and without. One side enters into communication with the other. The 'work and the viewer' combine to become the 'viewer inside the work'. Here the underlying mood of Clara Oppel's oeuvre becomes evident. It creates the power necessary to sensitize, to attune, to bring into resonance and then to activate. It manages to open the path of multi-sensory ambivalence and then to set out on this path. Every interpretive observation opens up others, and so demonstrates the internal coherence of ambiguity:

$$\frac{\text{Work} + \text{Space}}{\text{Visual} + \text{Auditory}} = \text{Ambiguity}$$

$$\frac{\text{Werk + Raum}}{\text{Visuell + Auditiv}} = \text{Ambiguität}$$

DIMENSIONALITÄT

Noch einmal: Durchschreitet man *Breathing Space*, ist man mittels Schritten und Tritten Teil der akustischen Raumgestalt. Tritt man dem Werk näher, addiert einen die visuelle Ebene hinzu.
Stellen wir uns einem Experiment: Wo befindet sich eine (nahezu) neutrale Wahrnehmungsposition? Versuch 1: Man begibt sich auf die Ebene der Lautsprecher und legt sich rücklings auf einen der Plätze an der Lautsprecherlandschaft. Der Ort und die Position verführen zum entspannten Hören. Welche Klänge sind in den Weg eingeschrieben und werden wieder freigesetzt?
Breathing Space beginnt, mit atomisierten, rauschfarbenen Impulsen eine informelle Gestalt aus der Stille in den Raum zu heben. Basierend auf der Mehrkanaltechnik entsteht in der Weitläufigkeit der Installation ein skulpturaler Schaffensvorgang, eine figurale Dimensionierung, die mit leichter Bewegung den Raum durchmisst und ihn gleichsam einer neuen, musikalisch-dynamischen Skalierung unterzieht. Die Koordinaten heißen: fern und nah, leise und laut, heißen rechts-links, schnell-langsam, heißen unten und oben und rotierend.

Die Schallwellen verlassen die serielle Uniformität der Lautsprecher. Die klingend wachsende Gestalt im Raum lässt erste konkrete Verortungen zu: Menschliche, atemähnliche Geräusche, die auf ihrem Weg durch den resonanten Raum wandern und verhallen. Zunächst gleichmäßig wiederholt, dann farbig moduliert, um dabei zunehmend punktueller werdend ins Perkussive zu wechseln. Allmählich scheinen

DIMENSIONALITY

To say it again: simply by walking through *Breathing Space*, at every point, you yourself are part of the acoustic spatial environment, and as you get closer to a work, the visual aspect is added.

Let's try an experiment:
Whereabouts is an - almost - neutral spot to perceive things?

Experiment 1: Put yourself in the position of the loudspeakers, and lie down on your back on one of the places near the loudspeaker landscape.
Both the place and the position are perfect for relaxed listening. What sounds are inherent in the surroundings and are now released?
Using atomised, noise-coloured impulses, *Breathing Space* begins to extract an informal shape out of the silence in the space. Using the multiple channel system, a creative sculptural process takes place within the surrounding space, a figural spatial stocktaking, with a slight shift measuring the space and at the same time giving it a new musical and dynamic calibration. The coordinates are things like: far and near, soft and loud, right-left, fast-slow, below and above and rotating.

The sound waves leave the serial uniformity of the loudspeakers. Concretely orienting oneself, at least initially, in the space is made possible by the growing sound mass. Human sounds resembling breathing, which shift and die away as they travel through the resonant space. At first repeated regularly, then modulating in colour, at the same time becoming increasingly selective and changing into percussive sounds. The sounds gradually seem to underscore the contours of meaning of the sculpture. Disjointed fragments of conversation escape from the acoustic path and converge.

die Klänge die Bedeutungskonturen der Skulptur zu umreißen. Zerteilte Wortfetzen entspringen dem akustischen Weg und nähern sich an.
Das von Clara Oppel verwendete akustische Ausgangsmaterial basiert auf Naturklängen und Alltagsmaterialien: Atemgeräusche der Stimme, Flügelschläge eines Schmetterlings am Fenster, rufende Zugvögel, Fingerschnalzen, knarrende Türen, Laubrascheln, eine zitternde Metallfeder. Auf die Frage nach ihrer Bearbeitungstechnik berichtet Clara Oppel von ihrer Klangrecherche mittels Schnitten und Zeitprozessen. Sie zerlegt und re-komponiert ihr Material bis zum Übergang vom Abstrakten ins Gegenständliche, vom Geräuschhaften in das Lautähnliche.
Diese Klangschichtungen triggern beim Hörenden immer wieder neue Assoziationsketten in diesem Spannungsfeld. Was aber ist mit dem eigenen Hörort? Wie erscheint die Klanggestalt an anderer Position im Raum? Es müsste Versuch 2 folgen: Wie klingt es in drei Meter Höhe?

Aus der Installation erklingen modulierte Klangschleifen, es ziehen Klangfahnen an einem vorüber und schließlich verdichtet sich alles. Klang und Raum und das große Zeichen am Boden. Wie einen Schlüssel für das Ende dieser Welt und das Weiterdenken bietet Clara Oppel eine große, semantische Conclusio: „Der Mensch ist der Traum seines Schattens" des vorchristlichen Dichters Pindar.
Dieser atemberaubende Satz hinterlässt den Besucher im Verhallen des Raumes. Es ist still, es atmet aus – man hat eine Aufgabe bekommen. Wer bis hier dieser skulpturalen Klangkunst gefolgt ist, kann etwas von diesem Schatten mitnehmen.

The acoustic raw materials that Clara Oppel uses are based on sounds from nature and things we encounter every day: voiced breathing sounds, the fluttering of a butterfly against a window pane, the call of migrating birds, snapping fingers, creaking doors, rustling leaves, a quivering metal spring.
In answer to questions about the technological processes she uses, Clara Oppel tells of her sound experiments with cuts and time processes. She dismantles her material and reassembles it to the point where abstraction begins to become concrete, where inchoate noise begins to become sound.

The interplay of these layers of sound triggers ever-new chains of association in the listener.
But what about one's own listening position? How would the sound mass seem somewhere else in the space? One really needs a second experiment: how does it sound from an altitude of three metres?

Modulated sound loops emerge from the installation, banners of sound pass by until finally everything consolidates. Sound and space and the big sign on the floor. Like a key for the end of this world and for further thought, Clara Oppel proffers a grand semantic conclusion: 'The person is the dream of a shadow' of the pre-Christian poet Pindar.
This breathtaking sentence leaves the visitor dealing with sound dying out in space. Quietness, exhalation – one has been given a task. Anybody who has followed this sculptural sound-art this far can take away a little of the shadow.

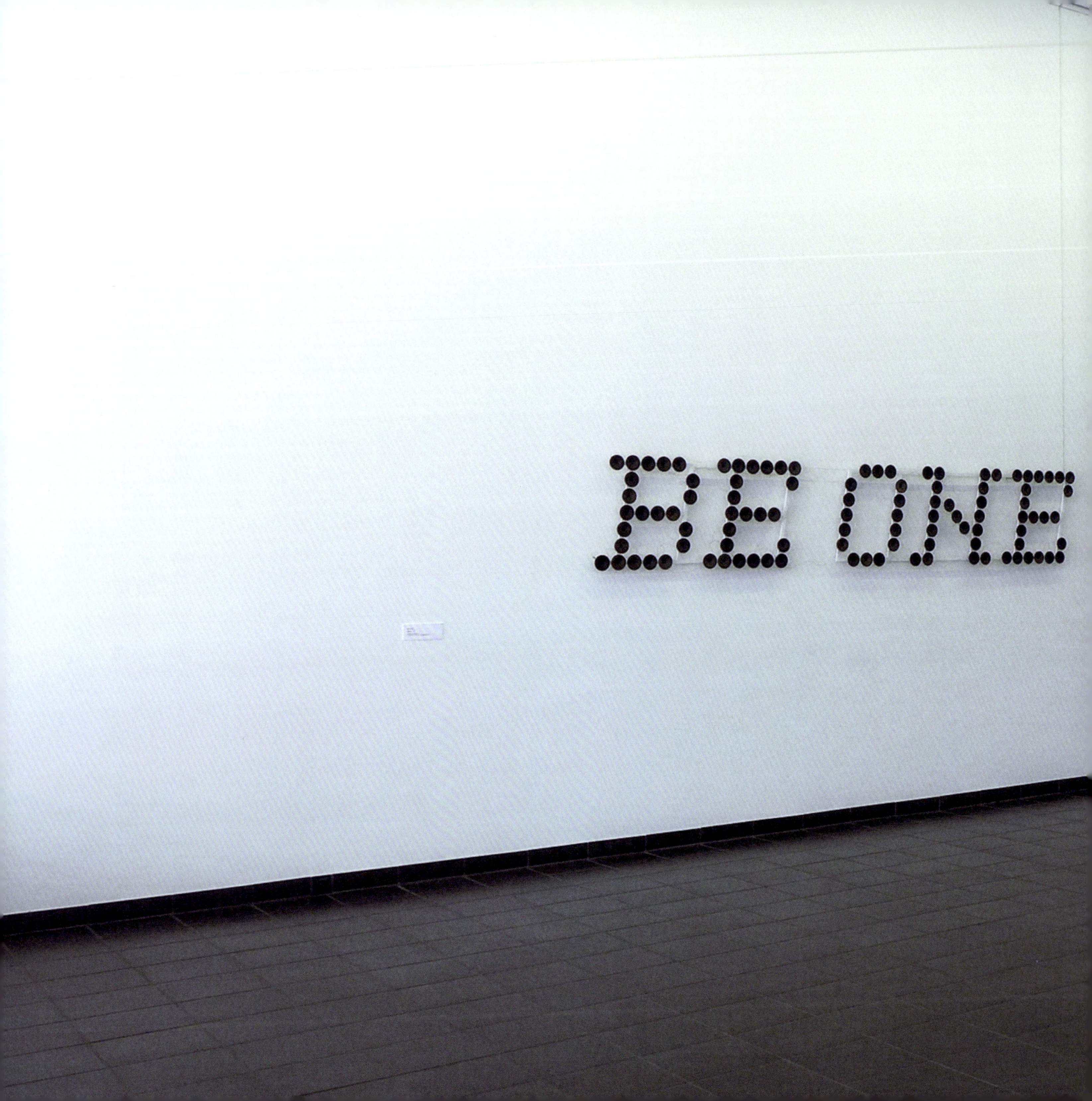
BE ONE

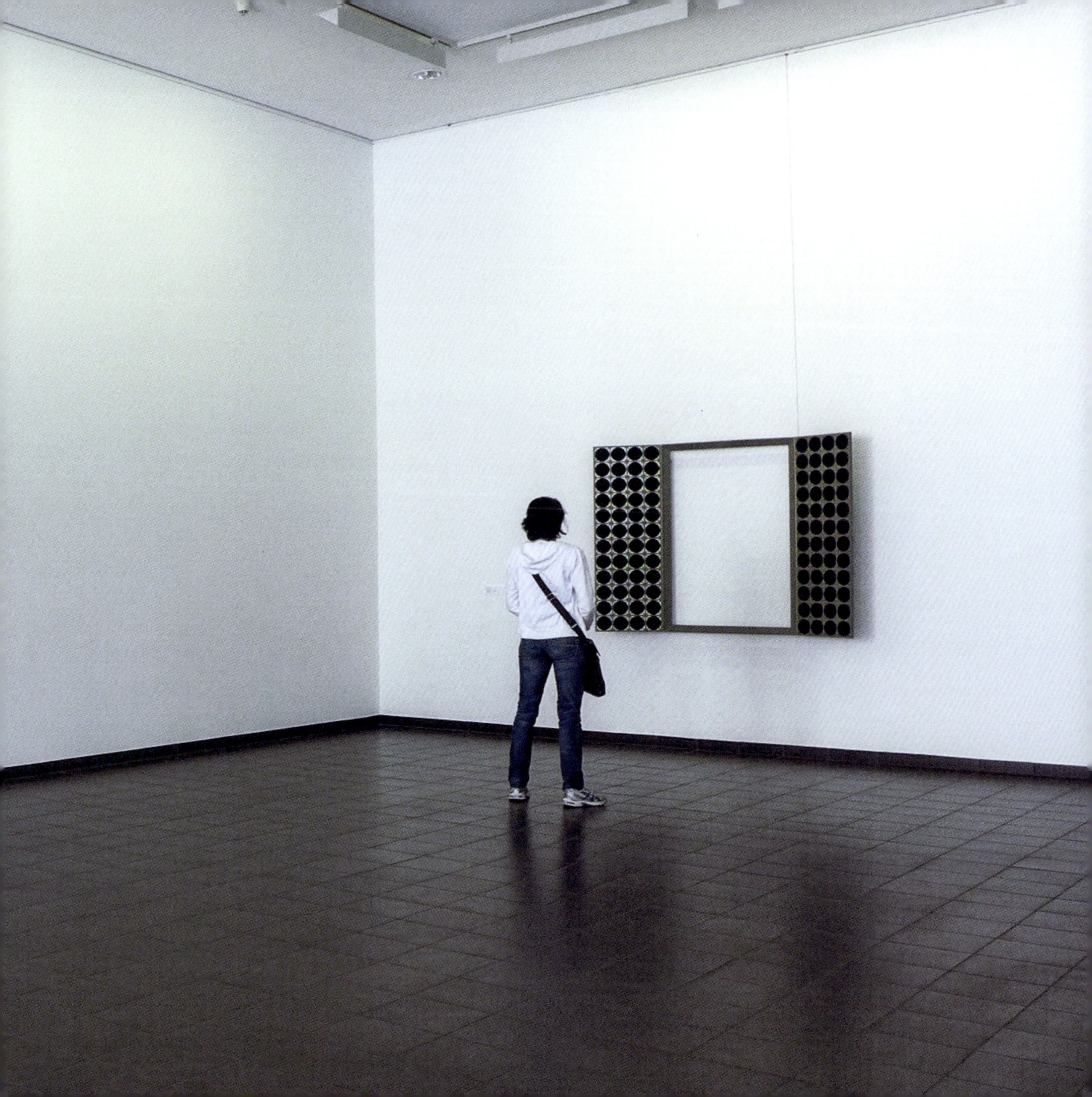

BREATHING SPACE

Text: Friedrich W. Block

Clara Oppel: Breathing Space

Ausstellungseröffnung Marburger Kunstverein, 2015

„Wie kannst du Freude haben an einer Welt, die du nicht siehst, wenn du die Augen schließt?“ (Fariduddin Attar)

Schließen Sie also die Augen, meine Damen und Herren, und sehen Sie, nein: hören Sie, wie sich Tausend Vögel erheben. Sie durchfliegen die Täler der Leiden und Leidenschaften. Begierde, Liebe, Wissen, Enthaltsamkeit, Einheit, Bestürzung, Auflösung. Nur dreißig Vögel schaffen es bis ans Ende der Welt zu den Bergen, die sie umgeben, dort, wo der weise Vogelkönig lebt, ein Wiedehopf mit Namen Simorgh. „Si morgh“ – das bedeutet: „dreißig Vögel“. An ihrem Ziel angekommen, erkennen die Vögel, dass sie sich selbst gesucht und gefunden haben.

Augen weit zu: Sie sehen vor sich vier federleichte Pergamentbögen, durchscheinend grazile Kabellinien, die in Piezotupfern enden, an die dreißig könnten es sein. Aus ihnen erklingt ein Konzert zarter hoher Töne, Vogelstimmen gleich. Sie sind herausgefiltert aus den aufgezeichneten *Vogelgesprächen*, die der persische Sufi-Dichter Fariduddin Attar im Jahre 1177 verfasste. *Simorgh* ist der Titel dieses Lautgedichts von Clara Oppel. Dreißig Vögel.

Clara Oppel: Breathing Space

Opening of the Exhibition in the Kunstverein in Marburg (Germany), 2015.

'How can you enjoy a world which you can't see when you close your eyes?' (Fariduddin Attar)

Ladies and Gentlemen, close your eyes, and you'll see – hear, rather – how a thousand birds take flight. They soar through the valleys of sufferings and passions: desire, love, knowledge, abstinence, unity, dismay, dissolution. Only thirty birds manage to get to the end of the world, where mountains surround them, there, where the wise bird king lives, a hoopoe called Simorgh. 'Si morgh' – the name itself means 'thirty birds'. Now, having reached the destination, the birds realise that they have in fact been searching all along for themselves – and their quest has now been rewarded.

Eyes wide shut! You see before you four sheets of parchment, as light as a feather, and through them shine delicate electric wires, ending in piezo swabs – probably around thirty of them. They emit a veritable concert of fine high-pitched sounds, like birdsong. They are extracted from the recorded *Bird Conversations* written by the Persian Sufi poet, Fariduddin Attar, in the year 1177. The title of this sound poem by Clara Oppel is *Simorgh* – Thirty Birds.

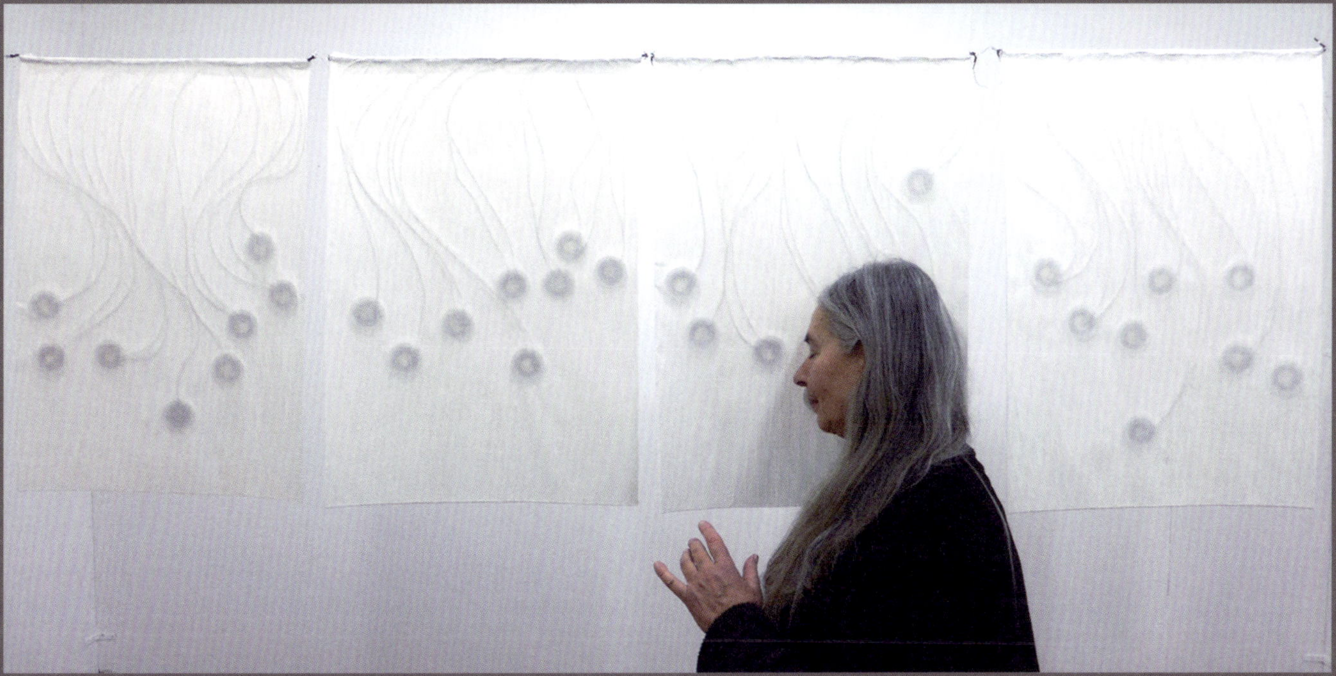

Simorgh I, Villa Dessauer, Bamberg

Am Anfang war der Schall. Die Welt ist ein universeller Schallraum. Den Nachhall ihres Anfangs, der sicherlich ohne Anfang ist, hat man unlängst erstmals aufgezeichnet, im Mikrowellenbereich der kosmischen Hintergrundstrahlung. Am Anfang des auditiven Aufschreibesystems aber steht vor gut 200 Jahren ein Bleistift, der die Schwingungen einer Stimmgabel überträgt, ein Wellenschreiber.
Er führt direkt zum Phonographen, den Thomas Alva Edison 1877 als so genannte Sprechmaschine patentieren ließ. So sind es anfangs vor allem Stimmen, die aufgezeichnet, gespeichert, verarbeitet und über Lautsprecher wiedergegeben werden. Stimmen – das Persönlichste, das die Menschen wie die Vögel klanglich hervorbringen, gemischt mit dem Nachhall des Urknalls.

In the beginning was the sound. The world is a universal sound chamber. Only recently has the echo of that beginning, which certainly really isn't a beginning, been recorded, in the microwave frequencies of cosmic background radiation. At the beginning of the system of recording auditory phenomena, however, a good 200 years ago, was a pencil, which transmitted the vibrations of a tuning fork – a wave recorder.
This led directly to the phonograph, patented in 1877 by Thomas Alva Edison as a so-called talking machine. This name points to the fact that it was first and foremost voices which were recorded, stored, processed and played back over loudspeakers. Voices – the most personal of all things which humans, like birds, can produce tonally – intermixed with the echo of the Big Bang.

Klang, Zeichnung, Stimme, Sprache, natürliche und kultürliche Sounds, ihre technische Aufnahme, kompositorische Bearbeitung und rhythmische Inszenierung im und als Raum, das sind Parameter von Clara Oppels einzigartiger Klangkunst, die heute hier im Marburger Kunstverein ihre bislang größte Ausstellung erfährt. Und dazu beglückwünsche ich die Künstlerin, den Kunstverein und uns, das Publikum.

Dass Visuelles und Auditives in dieser Ausstellung sich so eng und faszinierend gegenseitig durchdringen, erschließt sich schon aus dem Werdegang der Künstlerin, die mit Zeichnung, Malerei und Bildhauerei begonnen hat. Ihre Erkundung des Raumes, das Interesse, diesen ganz und rundum, von innen wie außen zu erschließen, führte dann bald zum Klang, wobei die bildnerischen Techniken präsent bleiben. Und darin spiegelt sich durchaus auch die Geschichte der Klangkunst, die ihren Anfang mit der avantgardistischen Entgrenzung der Einzelkünste nimmt und ein vielfältiges Programm entwickelt. So wie es unter anderem bereits 1913 der futuristische Maler Luigi Russolo in seinem Manifest *Die Kunst der Geräusche* fordert und mit zahlreichen Klangobjekten und -experimenten umzusetzen beginnt.

Clara Oppel zeigt auf den zwei Etagen hier neun Arbeiten aus zwei Jahrzehnten, Älteres neben Neuem, große Rauminstallationen neben kleineren Objekten und Skulpturen.

„Ich beschäftige mich", erklärt sie, „mit Klängen, Geräuschen und Sprache als Material. Im Besonderen widme ich mich der Anordnung und Bewegung von akustischen Signalen im Raum. Dadurch bringe ich den fast materielosen Klang in eine körperliche Erscheinung. Erzeuge dabei synästhetische Situationen. Klang und Bild setzen sich in Beziehung über die optische Ebene und räumliche Dimension hinaus in die Wahrnehmung leitende akustische Ebene."

Sounds both natural and cultivated, drawing, voice, language, recording them technically, recombining them as a composition, presenting them rhythmically both within and as space – these are the parameters which make up the unique sound art of Clara Oppel, which from today is being shown in the Marburg Kunstverein in the biggest exhibition she has had so far. I'd like to congratulate the artist, the Kunstverein, and also us, the general public, on the exhibition.

The fact that visual and auditory elements are so closely and fascinatingly combined in this exhibition can be understood in the context of the artist's career, which began with drawing, painting, and sculpture. Her exploration of space, her endeavour to penetrate it inside and outside, both intrinsically and in its context, soon led her to sound, whereby pictorial techniques are still present. This in turn illustrates the very history of sound art, which began with the avant-gardish breaking down of barriers between respective art genres and developed into a multifacetted programme. This is what people, including the futuristic painter Luigi Russolo, called for, the latter as early as 1913, in his manifesto, *The Art of Noises*. He also began to answer this demand with numerous sound objects and experiments.

On two floors, Clara Oppel exhibits here nine works from two decades: old alongside new, large room installations next to smaller objects and sculptures.

She explains: 'I use sounds, noises and speech as material. In particular, I'm concerned with the ordering and movement of acoustical signals in space. In so doing, I imbue almost immaterial sound with a physical embodiment, I produce synaesthetic situations. Sound and picture relate to each other above and beyond the optical level and spatial dimension in the acoustical plane leading to perception.'

Beispielsweise die große Installation *Breathing Space* in der oberen Etage des Marburger Kunstvereins. Unglaubliche 5400 Lautsprecher sind da als Band über den Boden arrangiert. Über 8-Kanaltontechnik sind acht Klangfelder zu je 675 Lautsprechern definiert, über die sich das Klangmaterial rhythmisch bewegt. Der Sound ist aus elektronisch abstrahierter Sprache komponiert, vermischt mit O-Tönen aus der Umwelt oder künstlichen Klängen.

Oder sollte man besser sagen, dass wir hier eine Choreografie der Klänge erleben, die durch den Raum tanzen, laufen, hüpfen, aneinanderstoßen, in Pausen innehalten und so den Raum erst im Verbund mit unserem Hören und Sehen und der eigenen Bewegung überhaupt erst schaffen? Horizontal und vertikal die Klangbewegung, denn diese verläuft nicht nur parallel zum Boden, sondern durch die nach oben gerichteten Lautsprecher auch von unten nach oben und von der Decke zurückreflektiert als Klangsäulen. Zwei sich kreuzende Raumachsen also, Waagerechte und Senkrechte, was der Arbeit auch konstruktivistische Züge gibt wie in der konkreten Kunst.

Ich tauche völlig ein in diese Klangatmosphäre, ihre Bewegung hin und her, das Atmen des Raumes, der ich auch selber bin, weil ich selbst Klangkörper bin und sich mein Atmen mit dem der Installation vermischt wie ihr Schatten: – „solang mund geht auf und zu / solang luft geht aus und ein" (Ernst Jandl) ...

„Eines Schattens Traum sind Menschen" – Diesen Satz hat die Künstlerin lautlich atomisiert und daraus das sprachliche Klangmaterial für *Breathing Space* gewonnen. Der Satz hat schon viele große Geister vor ihr fasziniert, Goethe etwa oder Hölderlin, der ihn aus dem Griechischen übersetzt hat, nämlich in seiner Nachdichtung von Pindars *8. Pythischer Ode* aus der Mitte des fünften vorchristlichen Jahrhunderts.

Consider for example the large installation *Breathing Space* on the upper level of the Marburg Kunstverein. An incredible 5,400 loudspeakers are arranged here into a ribbon across the floor. By means of an eight-channel system, eight sound fields consisting of 675 loudspeakers respectively are created, and the sound material moves rhythmically through them. The sound itself is made up of electronically abstracted speech, mixed with both actual sounds from the environment and artificial ones.

Or would it be better to say that what we experience here is a choreography of sounds which dance, run, and hop through space, bump into each other, or hold still, so that it is the combination of our own hearing and seeing and our own movement which itself creates the space?
The sound movement is horizontal and vertical, and not merely parallel to the floor, but rather pillars of sound from loudspeakers pointing upwards and reflected back downwards. So there are two intersecting spatial axes, horizontal and vertical, which also lend the work constructivist elements as in concrete art.

I immerse myself completely in this sound atmosphere, its movement back and forth, the very breath of the room, which I myself am part of, because I am a resonance body and my breath mingles with the installation like its shadow – 'solang mund geht auf und zu / solang luft geht aus und ein' (Ernst Jandl) ... ('as long as the mouth opens and shuts / as long as air goes in and out').

'People are a shadow's dream' – the artist broke the sound components of this sentence into minute fragments which then became the speech sound material for *Breathing Space*.

This sentence has fascinated many great minds before her, people like Goethe or Hölderlin, who translated it from the

Sie ist einem olympischen Spitzensportler und Sieger gewidmet und bedenkt, wie sehr doch auch solcher Erfolg vergänglich ist. Was also ist der Mensch, was sind wir zwischen dem ersten Einatmen und dem letzten Ausatmen? Danach, davor, dazwischen? Aufgehoben vielleicht in einem universellen Klangraum.

Ich habe Clara Oppel 2009 kennengelernt und sie eingeladen, für die Sprachkunstausstellung *POESIS* mit poetischen Sprachspielen in der Berliner Akademie der Künste eine Arbeit zu entwickeln. Daraus wurde die ganz für den dortigen Raum konzipierte, daher einmalige Arbeit *transeunt* mit 1200 Lautsprechern über vier Kanäle. Das Klangmaterial rührte von zahlreichen O-Ton-Stimmen mit autobiografischen Äußerungen her, die sich durch den Raum der Akademie bewegten. Ein wundervoller Beitrag zur Poesie, wie ich sie brauche. Denn ich verstehe Clara Oppels sprachbasierte Klangkunst als hervorragendes Beispiel der Poesie als eigener Kunst zwischen den Künsten. Schon aus zwei wesentlichen Gründen:

Die Art wie sie mit Sprache umgeht, führt vorausweisend zurück zu einer synästhetischen und intermedialen Gesamtkunst, die in den verbivocovisuellen Möglichkeiten der Sprache potenziell steckt.

Zugleich geschieht das bei ihr in einer Art, die den Begriff der Poesie in seinem buchstäblichen Sinn einholt. Denn sie lässt uns achtsam werden für den Augenblick des Hervorbringens, der Poesis zwischen Form und Nichtform, dem wir so gern Dauer verleihen würden.

Denn auch die Nichtform, die Leerheit, die alles umfassende Stille ist in Clara Oppels Werk als Ermöglichung des Klangs immer zugleich präsent, und sei es als eine kleine schlechte Lautsprecher-Brille, mit der man nichts sehen oder hören

original Greek in his adaptation of Pindar's 8th Pythian Ode from the middle of the 5th century B.C. The ode is dedicated to a victorious Olympic athlete and reflects upon the transience of even such a great success. So what is a human being? What are we between the first and last breaths we take? Afterwards, before, in between? Suspended perhaps in a universal sound space?

I met Clara Oppel in 2009, and invited her to create a work for the language art exhibition *POESIS*, with language games, in the Akademie der Künste Berlin. The result was the work *transeunt*, with 1200 loudspeakers over four channels. It was completely unique as it was developed expressly for the space at the Academy. The sound material consisted of autobiographical utterances by numerous real voices, which moved throughout the Academy space. It was a wonderful contribution to poetry as I understand it. I see Clara Oppel's speech-based sound art as an example par excellence of poetry as an independent art form between other arts. There are two essential reasons for this:

Her way of working with language reflects back on a synaesthetic and intermedial *Gesamtkunst*, which is already potentially extant in the verbi-voco-visual possibilities of language.

At the same time, this happens with her in a way, which calls to mind the literal sense of the concept of poetry. She alerts us to the moment when something comes into being, the *Poesis* between form and not-form, that moment which we would so much like to prolong.

Because not-form too, emptiness, all-embracing stillness is also always present in Clara Oppel's work, inasmuch as it enables sound, even if it's only tiny and bad loudspeaker spectacles, with which one can neither see nor hear - unless...

kann, es sei denn – so wie es in dem 2000 Jahre alten indischen Herz-Gedicht heißt:

„Form ist leer,
Leerheit ist Form,
Form ist nichts anderes als Leerheit,
auch ist Leerheit nichts anderes als Form."

Oder mit John Cage in seiner von Ernst Jandl übersetzten *Lecture on Nothing*:

„Unsere Poesie jetzt / ist die Erkenntnis / dass wir nichts / besitzen / Alles / ist daher / ein Vergnügen"

As the 2000 year old Indian poem expresses it:

'Form is empty,
Emptiness is form,
Form is nothing except emptiness,
Emptiness is likewise nothing else but form.'

Or John Cage in his *Lecture on Nothing*:

'Our poetry now / is the realization / that we possess / nothing / Anything / therefore / is a delight'

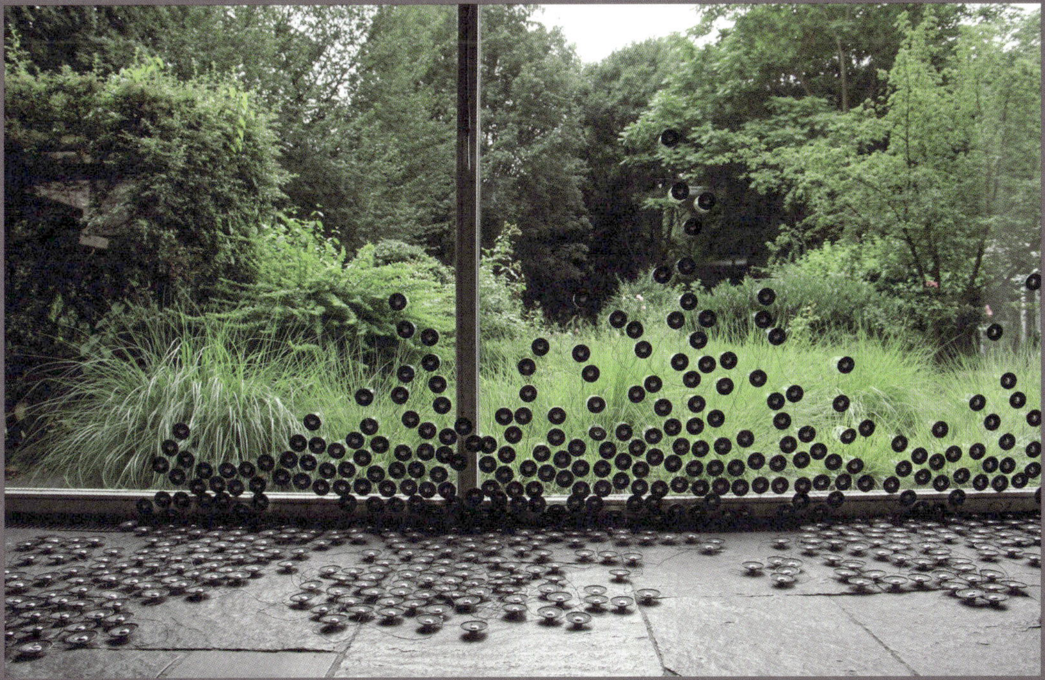

transeunt, Akademie der Künste, Berlin

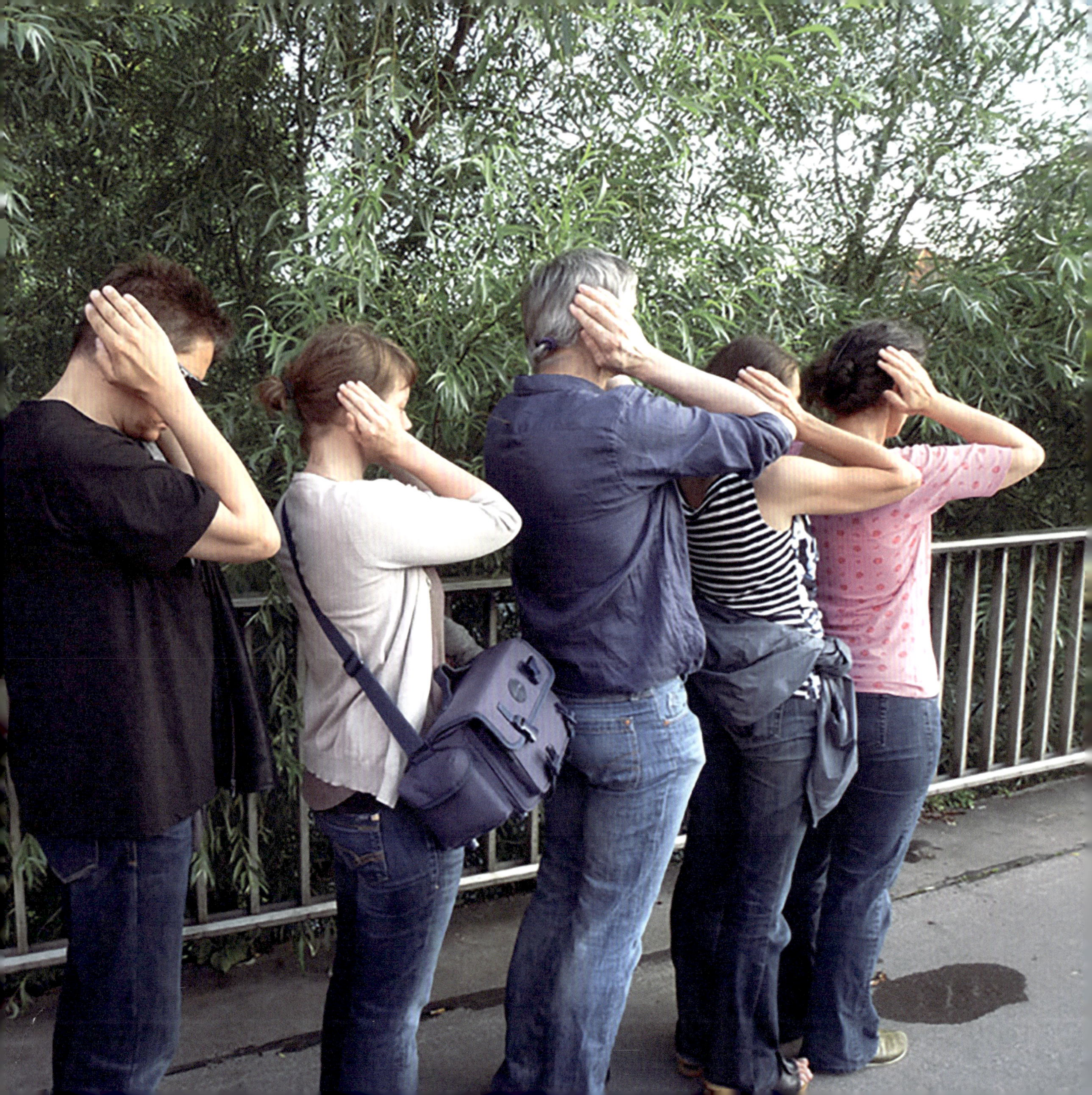

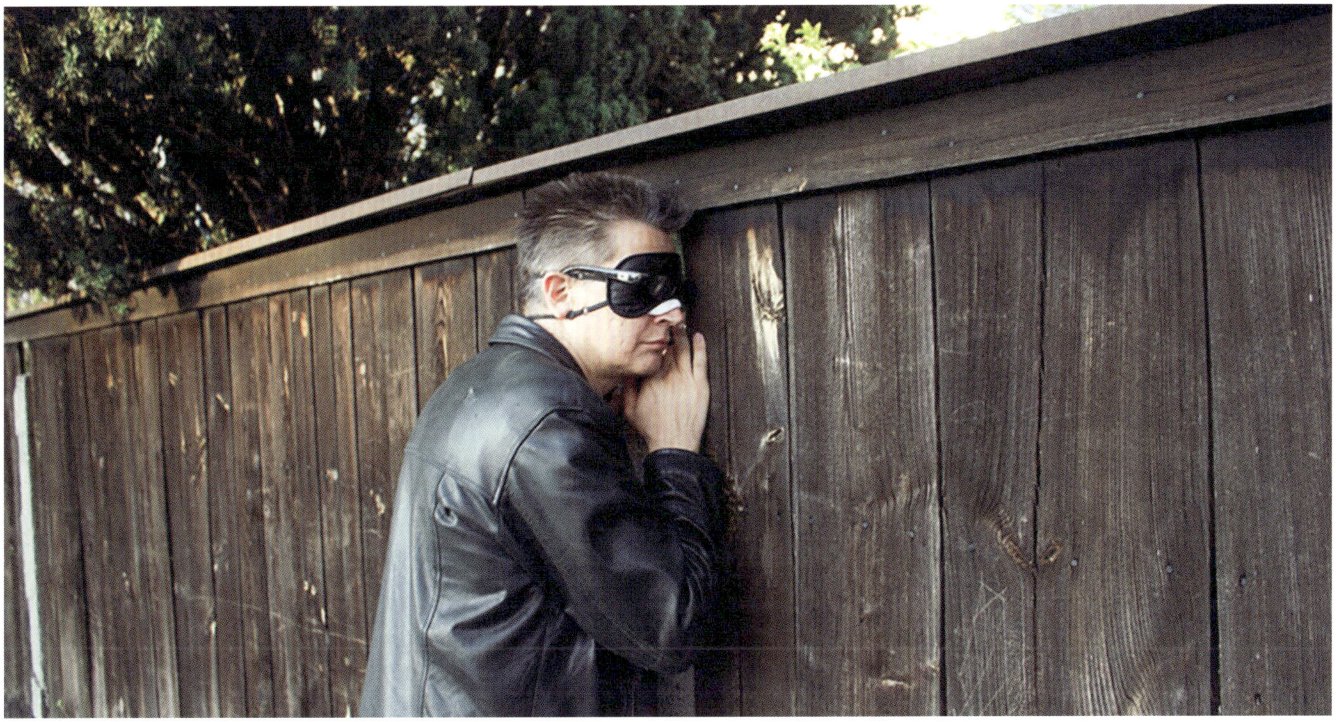

Walk the Line - walk the sound

2014, Soundwalk.
Performance mit Ulrike Sowodniok, Wolfram Spyra

KiG! Kultur in Graz

Landschaft, Stadträume und Menschen sind durch ihre Schallumgebung geformt. Um uns herum zeichnen die Laute ihre Spuren, und der Nachhall trifft auf unsere Ohren. Denn dort, wo das Ohr sich befindet, ist ein Wahrnehmungspunkt in Bezug auf Raum und Zeit.
Mittels Augenbinden schalten wir die Ohren auf Empfang und erkunden die Stadt nach ihren Tönen.

Walk the Line - walk the sound

2014, soundwalk.
Performance with Ulrike Sowodniok, Wolfram Spyra

KiG! Culture in Graz

Landscape, urban spaces and people are shaped by their sound environment. Around us, sounds leave their impressions, and the reverberation reaches our ears. The physical location of the ear is a point of perception in relation to space and time.
We put on blindfolds, switch our ears to receive and explore the city by its sounds.

unterwegs

2015, Klangobjekt.
Koffer, Kleinlautsprecher, Audioanlage,
2-Kanal Komposition

Galerie Kunsttempel, Kassel

on the way

2015, sound object.
suitcase, small loudspeakers, audio equipment,
2 channel composition

Galerie Kunsttempel, Cassel

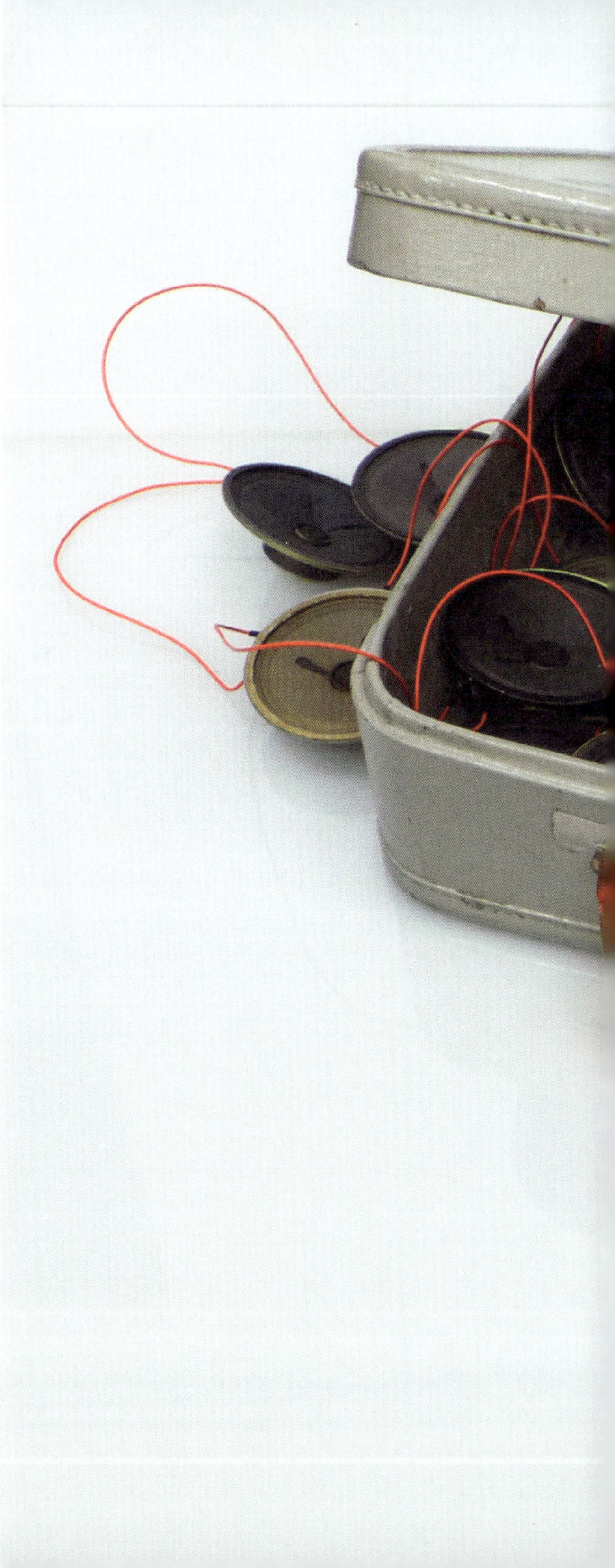

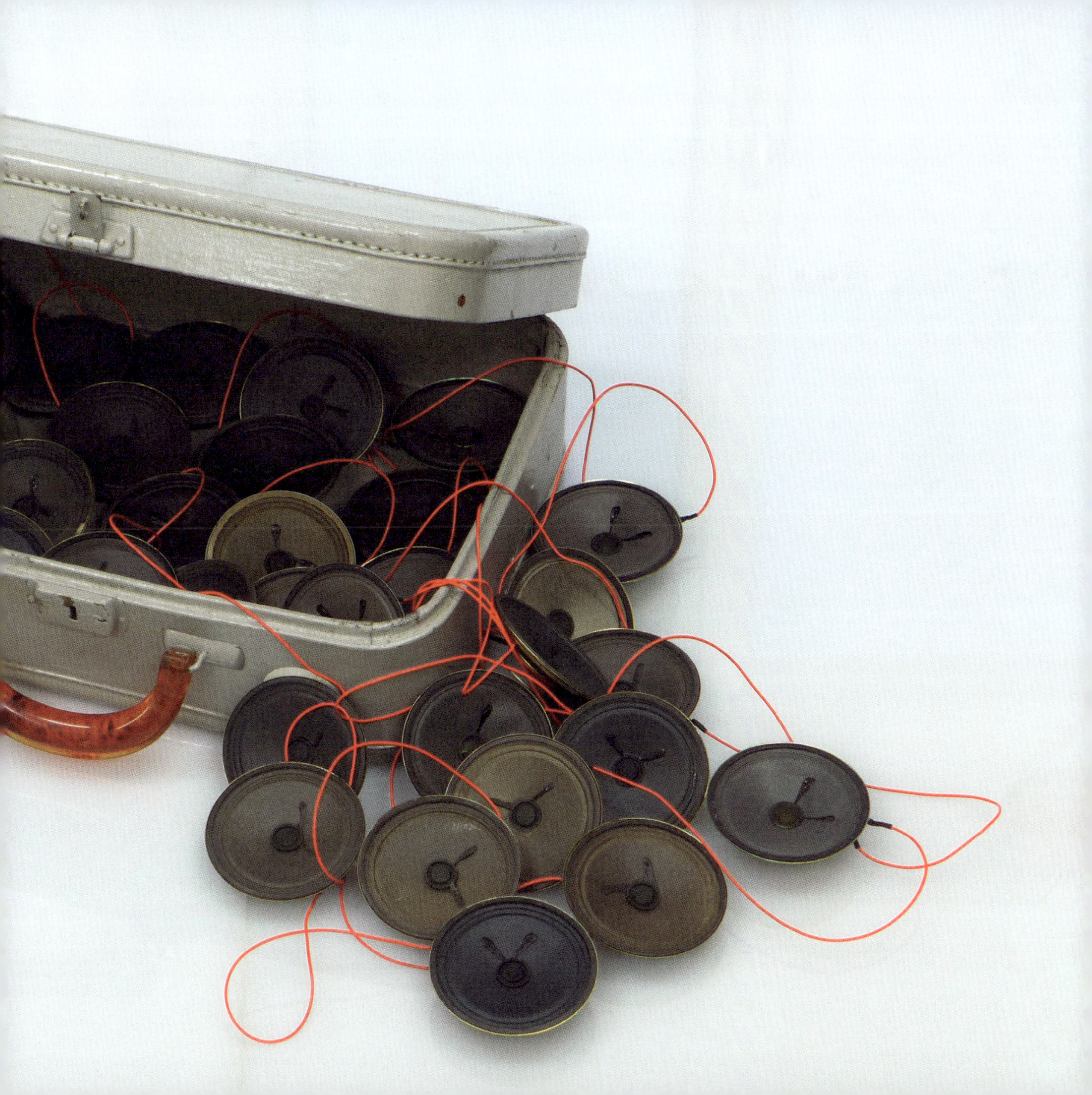

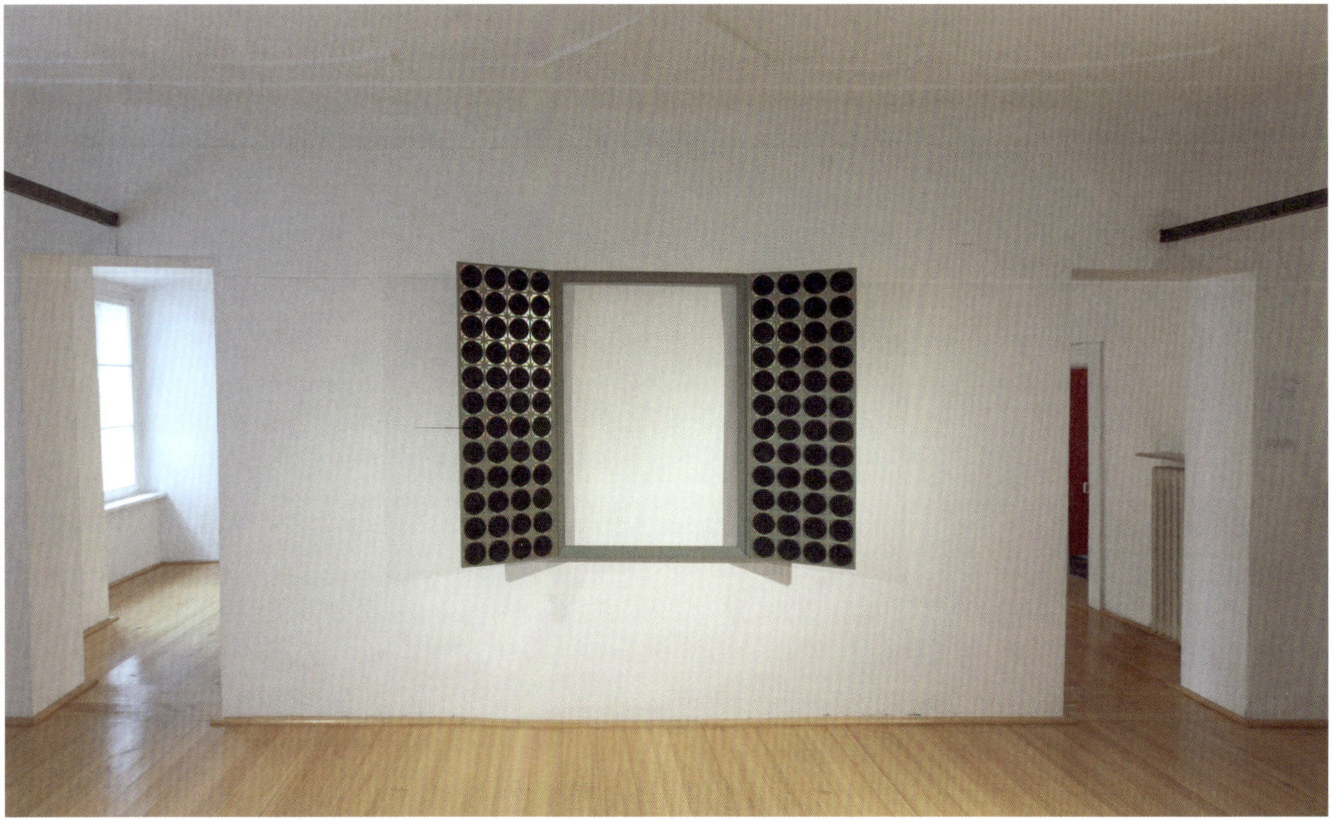

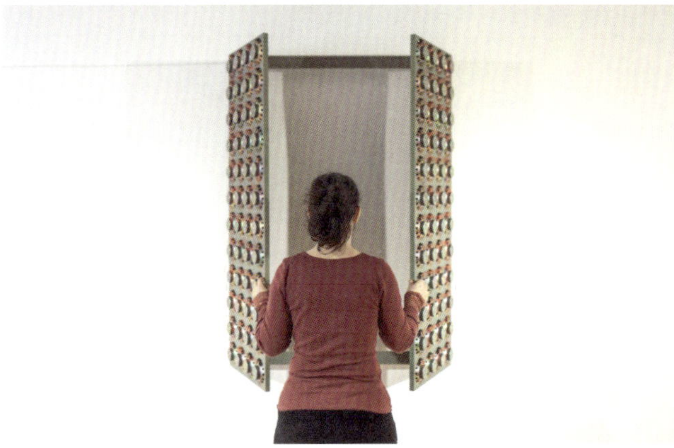

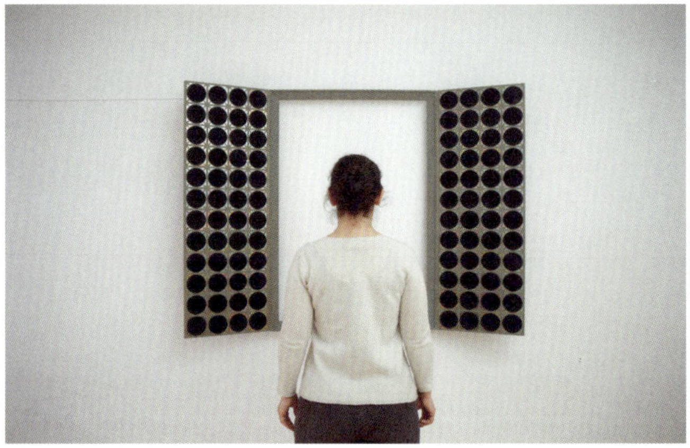

Kulturzentrum bei den Minoriten, Graz

Text: MMag. Dr. Johannes Rauchenberger

Sfumato

2013, Klangobjekt.
Triptychon, 96 Breitbandlautsprecher, Litze, MDF, Audioanlage, 2-Kanal Komposition, 136 x 194 cm
KULTUMdepot Graz

Sfumato, der Titel dieses „Fensters", dessen Flügel aus Lautsprechern bestehen, verrät die Herkunft aus der Malerei, genauer: aus der Malerei der Renaissance. Leonardo da Vincis Maltechnik erzeugte ein Vibrieren, das die konturscharfe Begrenzung unterlief. Clara Oppels künstlerische Herkunft sind die Malerei und die Skulptur. In dieser Arbeit schlägt sie einen weiten Resonanzbogen zu diesen Medien und schreibt sie mit zeitgenössischen Mitteln, die sie seit Jahren in der Klangskulptur entwickelt, weiter. Zusätzlich greift sie dezidiert auf die Form des „Triptychons" zurück. Dessen Entstehungsort ist das Altarretabel. Das Mittelfeld aber ist hier leer. Es wird zur Projektionsfläche für die Betrachtenden. In der Renaissancemalerei wird dabei zudem das Fenster als neue Dimensionen eröffnender Raum entdeckt. Mit diesem kulturgeschichtlichen Background entwickelt die Künstlerin ein Rauschgeflecht, das bipolaren Quellen entstammt: einem „weißen Rauschen" aus dem rechten, und einem „rosa Rauschen" aus dem linken Flügel. Allmählich formen sich Laute und Töne, die sich langsam zu Wortfragmenten bilden. Irritiert wird das intentionale Hören, weil die Töne sich immer wieder im schwingenden Zwischenraum verlieren. Durch die fixierte Schallausrichtung befindet sich der/die Rezipient:in im schwingenden Raum mit Ausblick in die leere Mitte. Sie ist der verdichtete Ort, in dem sich das allmähliche Verstehen des gesprochenen Satzes ereignet und der sich dadurch der Begrenzung entzieht und sich in die Offenheit weitet.

Sfumato

2013, sound object.
triptych, 96 full-range speaker, wire, MDF, audio equipment, 2 channel composition, 136 x 194 cm
KULTUMdepot Graz

Sfumato, the title of this 'window', whose side panels consist of loudspeakers, reveals the work's origin in painting, or more precisely, Renaissance painting. Leonardo da Vinci's painting technique produced resonances that undermined clear-cut contours. Clara Oppel's artistic origins are in painting and sculpture. With this work, she forges a wide resonating bridge to these media, and develops them further using contemporary means that she has been developing for years in the form of sound sculptures. In addition to this, she harks distinctly back to the form of the 'triptych'. It arose in the context of the retable, a framed altarpiece. Here though, the centre remains empty. Into this emptiness viewers can project their own thoughts and emotions. Moreover, Renaissance painters discovered the window as a space opening up new dimensions. In the light of this historical-cultural background, the artist develops a mesh of sound that has bi-polar sources: 'white noise' from the right wing, and 'pink noise' from the left one. Little by little, noises and sounds emerge and combine slowly into fragments of words. Focussed listening is constantly interrupted because the sounds get lost in the vibrating in-between space. Due to the fixed direction of the sound, the recipient stands in the oscillating space, gazing directly at the empty centre. In this condensed space one gradually begins to understand the spoken sentence – which thereby breaks free of its boundaries and extends towards openness.

Be One

2013, Klangobjekt/Lautgedicht.
2-Kanal Komposition, Audioanlage, Litze, Holz,
103 Lautsprecher, 58 x 320 cm

Kulturzentrum bei den Minoriten, Graz

Der Schriftzug aus Lautsprechern bildet das Wort BE ONE. Zu hören sind Sammlungen gesprochener Aphorismen, die sich zum Lautgedicht formen.

Be One

2013, sound object/sound poem.
2 channel composition, audio system, wire, wood,
103 loudspeakers, 58 x 320 cm

Kulturzentrum bei den Minoriten, Graz

The letters from the loudspeakers make up the injunction BE ONE.
One hears collections of spoken aphorisms which merge into a sound poem.

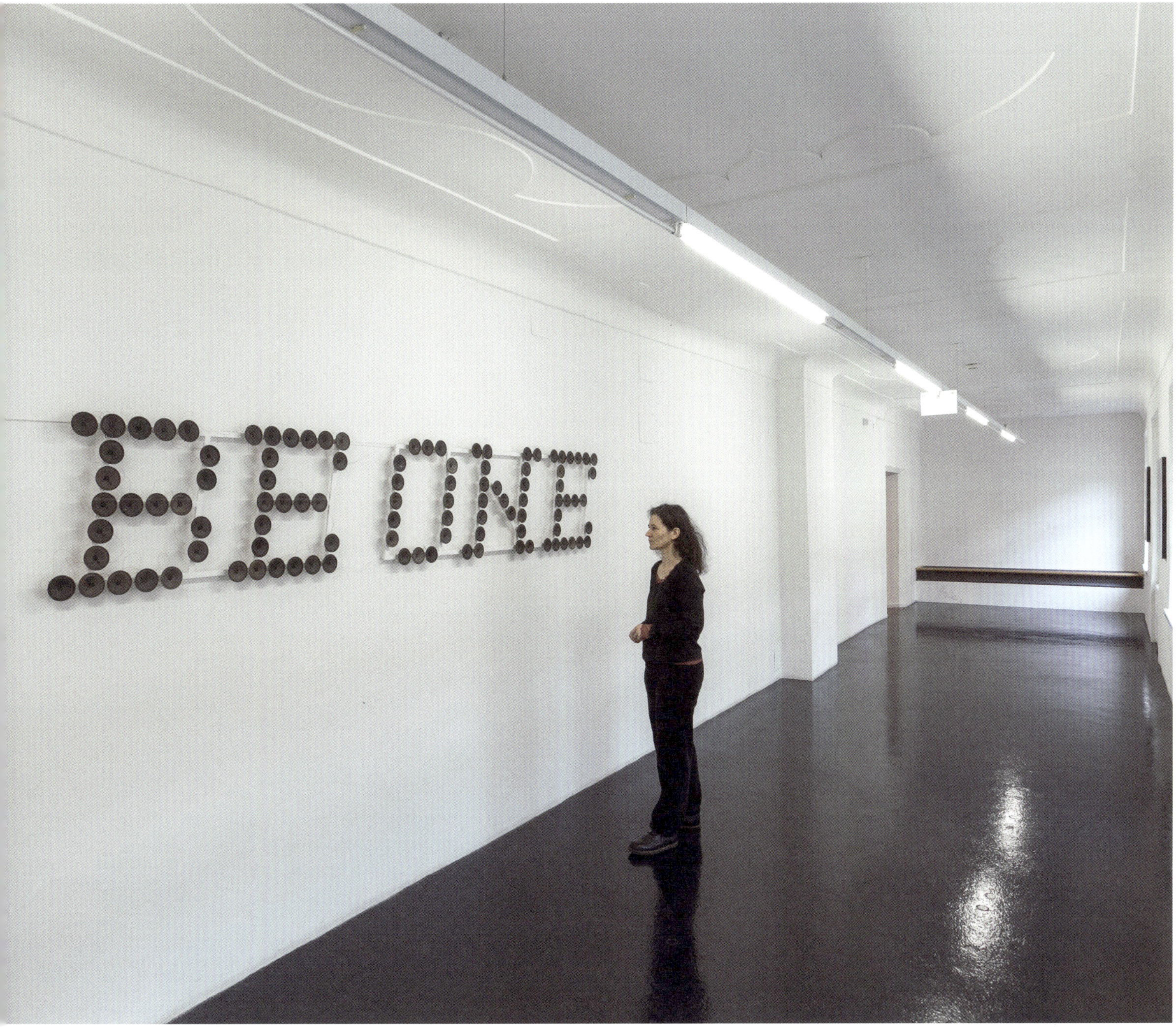
BE ONE

Die letzte Macht ist Stille

2012, Klangobjekt.
Regenschirm, Piezo Schallwandler, Kabel, Audioanlage

Amber - art and technology platform Istanbul

Wir leben in einer Welt, die sich uns permanent auch akustisch zeigt.
Völlige Abwesenheit von klanglichen Phänomenen und Reizen ist nirgendwo anzutreffen, da die Materie selbst immer auch gegenwärtig ist. Doch es gibt eine Stille, die wir alle kennen. Induziert durch aktives Hören, treten wir in den direkten Kontakt zu unserer persönlichen inneren Welt. In der Arbeit *Die letzte Macht ist Stille* steht der Klangschirm als Symbol für den Zwischenraum, in dem Situationen wechselseitig aufeinander wirken. Aus dem Schirm erklingt Weißes Rauschen, die Summe aller Frequenzen des hörbaren Bereichs. Ein eindringlicher Flächenklang tritt mit seiner gestaltlosen, unbestimmten und entfärbten Form den Hörer:innen gegenüber.

The last power is silence

2012, sound object.
umbrella, piezo transducers, cables, audio system

Amber - art and technology platform Istanbul

We live in a world that permanently presents itself to us in an acoustic form.
Complete absence of sonic phenomena and stimuli is nowhere to be found, as material itself always present. Yet there is a particular silence that we all know. By active listening, we enter into direct contact with our personal inner world. In the work *The last power is silence*, the sound umbrella stands as a symbol for the in-between space in which situations interact. White noise, the sum of all frequencies of the audible range, resounds from the screen. An insistent surface sound confronts the listener in its formless, vague, and colourless form.

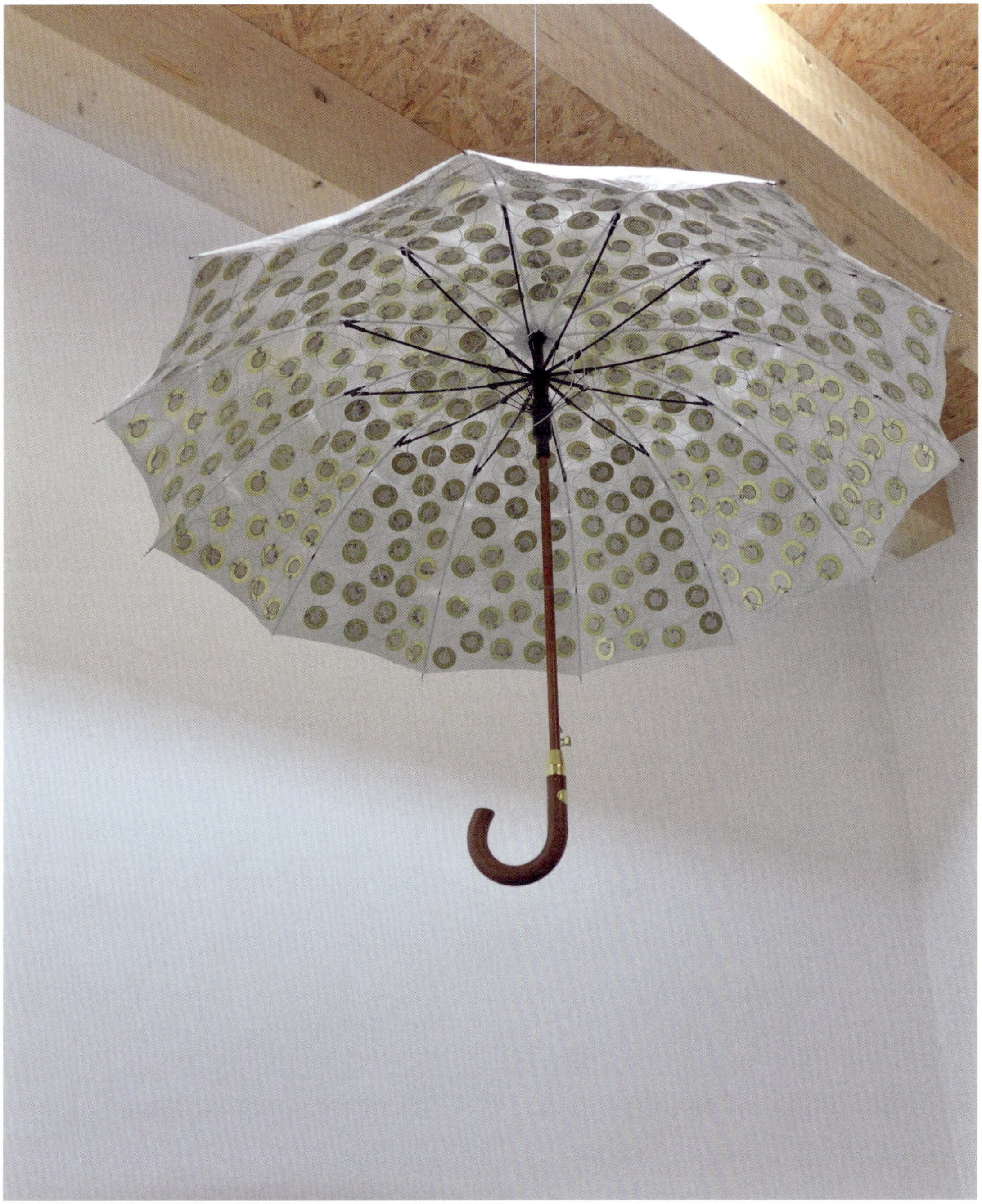

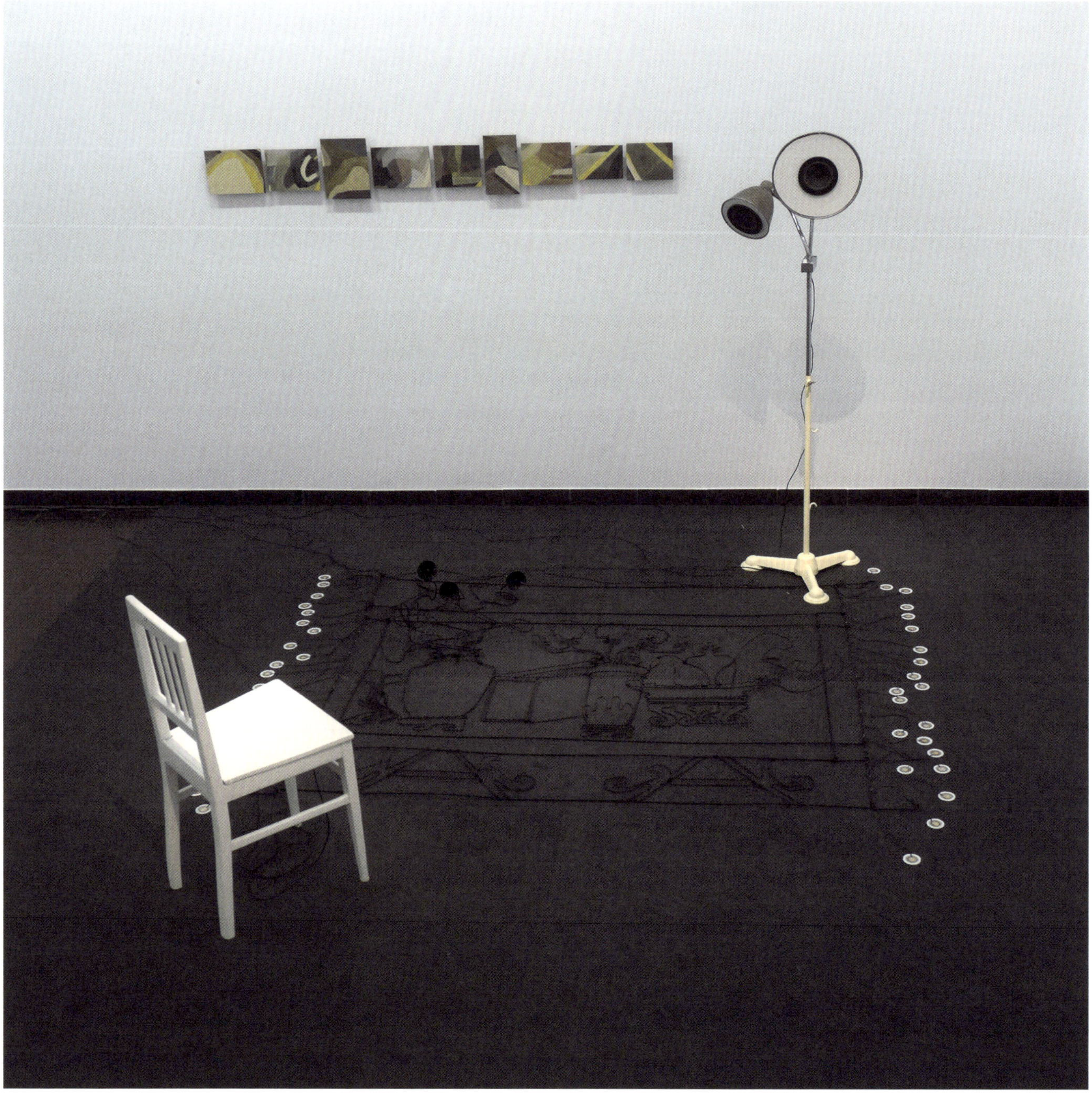

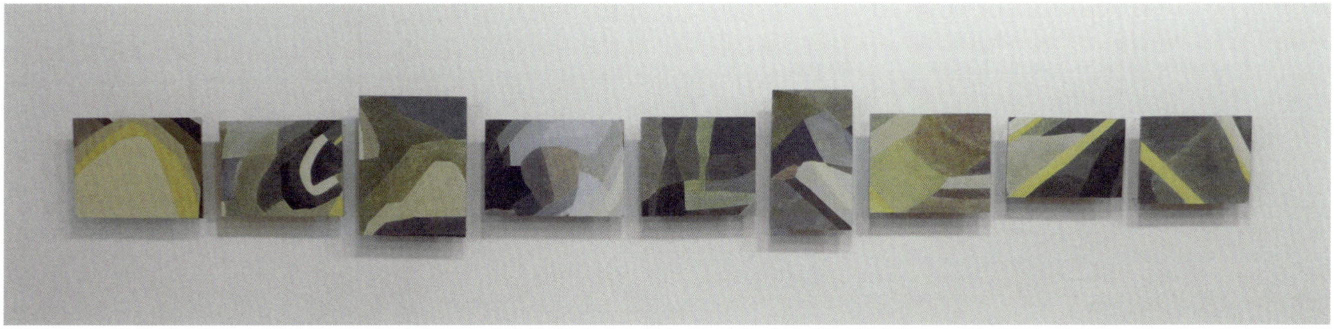

Die fernen Hügel sind grün

2012, Klangskulptur.
Kabelteppich, Stuhl, Stehleuchte, Transducer, Hochton- und Mitteltonlautsprecher, 42 Piezo Schallwandler, Tempera auf Hartfaser, 4-Kanal Komposition

Connecting Sound etc., freiraum quartier21 INTERNATIONAL, MQ Wien

Stuhl, Stehlampe, Kabelgebilde, Lautsprecher, alle Objekte sind mit Kabeln verbunden und situieren sich zum dreidimensionalen Stillleben. Die Kabel dienen gleichzeitig zur Übertragung von Audiosignalen, entziehen sich aber der technischen Funktion, weil sie notwendiger visueller Bestandteil der Installation sind. Das Kabel wird zum zeichnerischen Mittel. Ähnlich wie das Kabel beschreibt der Klang, umwebend fast materielos Raum und Form. Von einem Objekt zum nächsten Objekt zeichnen die Schallwellen ihre akustischen Bewegungen. Schneiden ins Geschehen ein, und strömen wieder nach außen. Dazwischen Textpassagen aus dem Buch Konferenz der Vögel von Farriduddin Attar. Jenseits jeglicher Gewissheit reflektiert eine Person ihr Dasein. Sie fragt sich: „Was ist die Welt?“

The faraway hills are green

2012, sound sculpture.
cable carpet, chair, standard lamp, transducer, high and mid-range loudspeakers, 42 piezo sound converters, tempera on hard fibre, 4 channel composition

Connecting Sound etc., freiraum quartier21 INTERNATIONAL, MQ Wien

Chair, floor lamp, cable structure, loudspeakers. All objects are connected with cables and constitute a three-dimensional still life. The cables transmit audio signals, but at the same time elude their technical function because they are an essential visual component of the installation. The cable illustrates. Like the cable, sound, weaving around almost without material form, also describes space and form. From one object to the next, the sound waves illustrate their acoustic movements. They enter into the action and flow out again. In between are text passages from the book *Conference of the Birds* by Farriduddin Attar. Beyond any certainty, a person reflects on existence, pondering 'what is the world?'

Nous

2012, Lautsprecher.
Holzpodest, Teppich, Audioanlage, 10-Kanal Komposition

Villa Dessauer, Bamberg

Nous -
Der Laut an sich
Die Klangskulptur entstand aus Erzählungen verschiedenster Menschen aus meiner persönlichen Umgebung. Die Erzählungen wurden nach auditiver Analyse in einen kaum noch begreiflichen Bereich zerlegt. Weg vom rationalen Verstehen werden Sprachfragmente in Klang transformiert und brechen durch die kompositorisch angelegten Bewegungen von Lautsprecher zu Lautsprecher in den Raum hinein. Wiederholungen, Verschachtelungen und Zeitverschiebungen stehen als Metapher für die nie fassbare Komplexität eines Lebens.

Durch die Umschichtung und Überlappung einzelner Laute und Wortfragmente werden die Texte polyphon, mehrschichtig, rhythmisch – mehrdimensional erlebbar – rational nicht mehr einzuordnen.

Nous

2012, loudspeaker.
wooden platform, carpet, audio system, 10 channel composition

Villa Dessauer, Bamberg

Nous -
The sound in itself
This sound sculpture originated from the stories told by different people in my immediate vicinity. Through sound analysis, the narrations were reduced to a point where they can hardly be understood. Removed from rational comprehension, fragments of speech are reduced to mere sound, which moves in a composed way from loudspeaker to loudspeaker into the space. Repetition, intertwining, and time dislocations serve as metaphors for the infinite complexity of life.

Through the rearrangement and overlapping of individual sounds and word fragments, the texts become polyphonic, multi-layered, rhythmic. They are experienced in several dimensions, and can no longer be rationally classified.

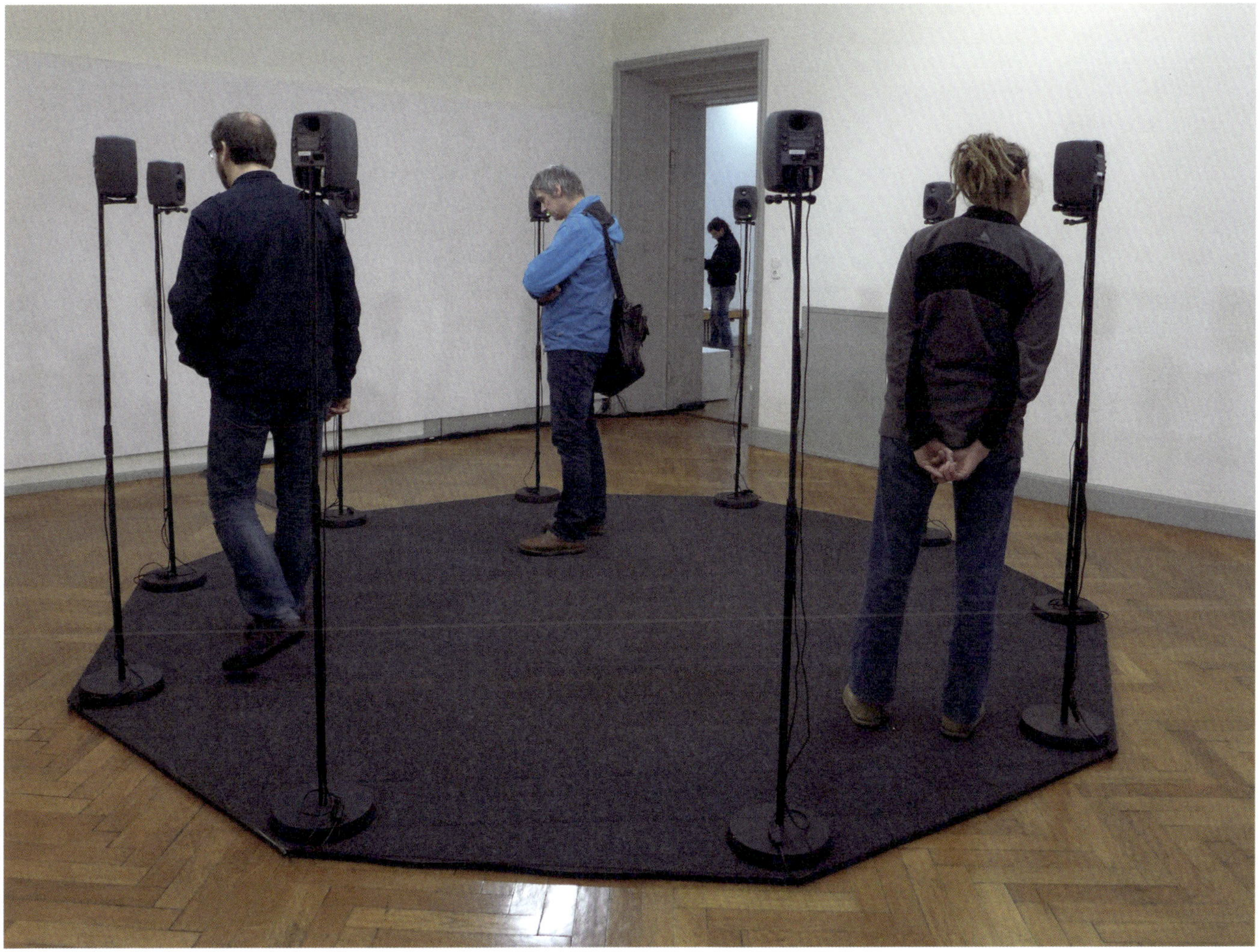

Simorgh II

2011, Klanginstallation.
Lautsprecher, Kabel, Kreide, Audioanlage, 4-Kanal Komposition
Text: Gerda Enk
Sprache: Martina Zinner, Lorenz Kabas, Matthias Ohner, Clara Oppel, Solaleh Habib Aamin.

Spitäle Würzburg

Simorgh II – Klanginstallation als Parabel für Unterwegssein und Suchen. Wegbegleiter sind Ernst Bloch und Fariduddin Attar auf der im ständigen Prozess sich wandelnden Erkenntnisreise. Das primäre Medium besteht aus Texten und künstlichen Tönen, die über die Lautsprechergruppen zu erfahren sind.

Simorgh II

2011, sound installation.
loudspeakers, cables, chalk, electronic equipment, 4 channel composition
Text: Gerda Enk
Voices: Martina Zinner, Lorenz Kabas, Matthias Ohner, Clara Oppel, Solaleh Habib Aamin.

Spitäle Würzburg

Simorgh II - sound installation as a parable for being on the move and searching. Ernst Bloch and Fariduddin Attar accompany you on a constantly changing journey of discovery. The primary medium consists of texts and sounds experienced through the loudspeaker islands.

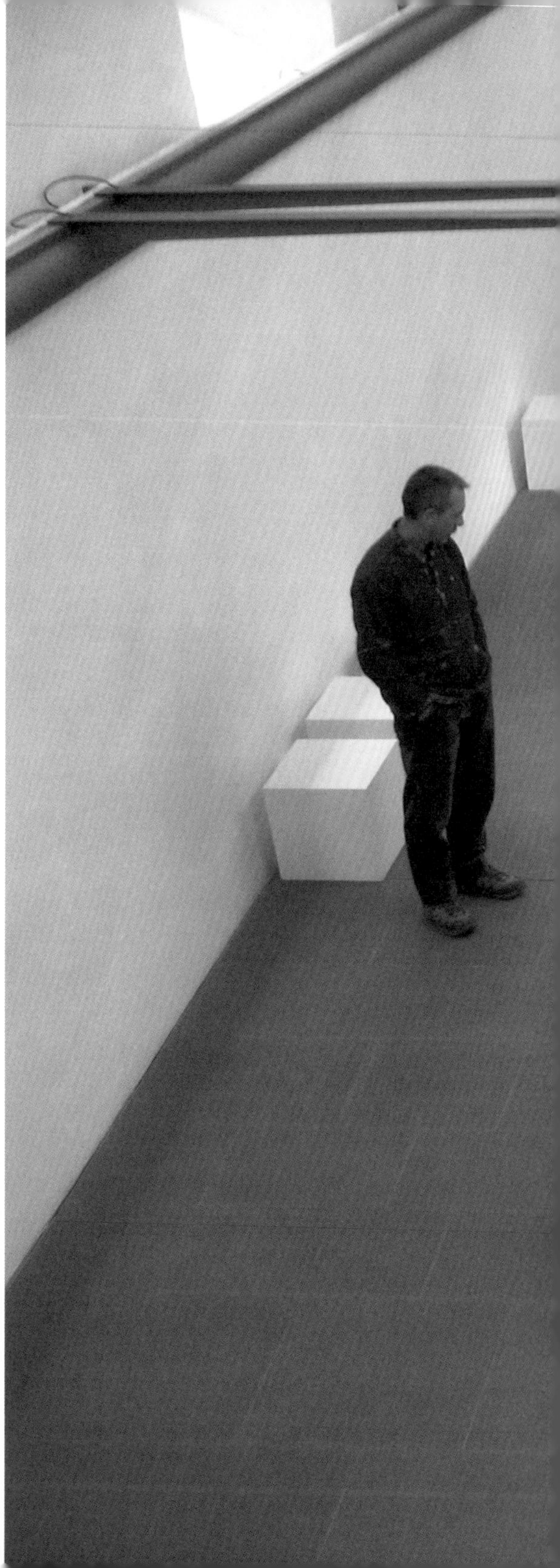

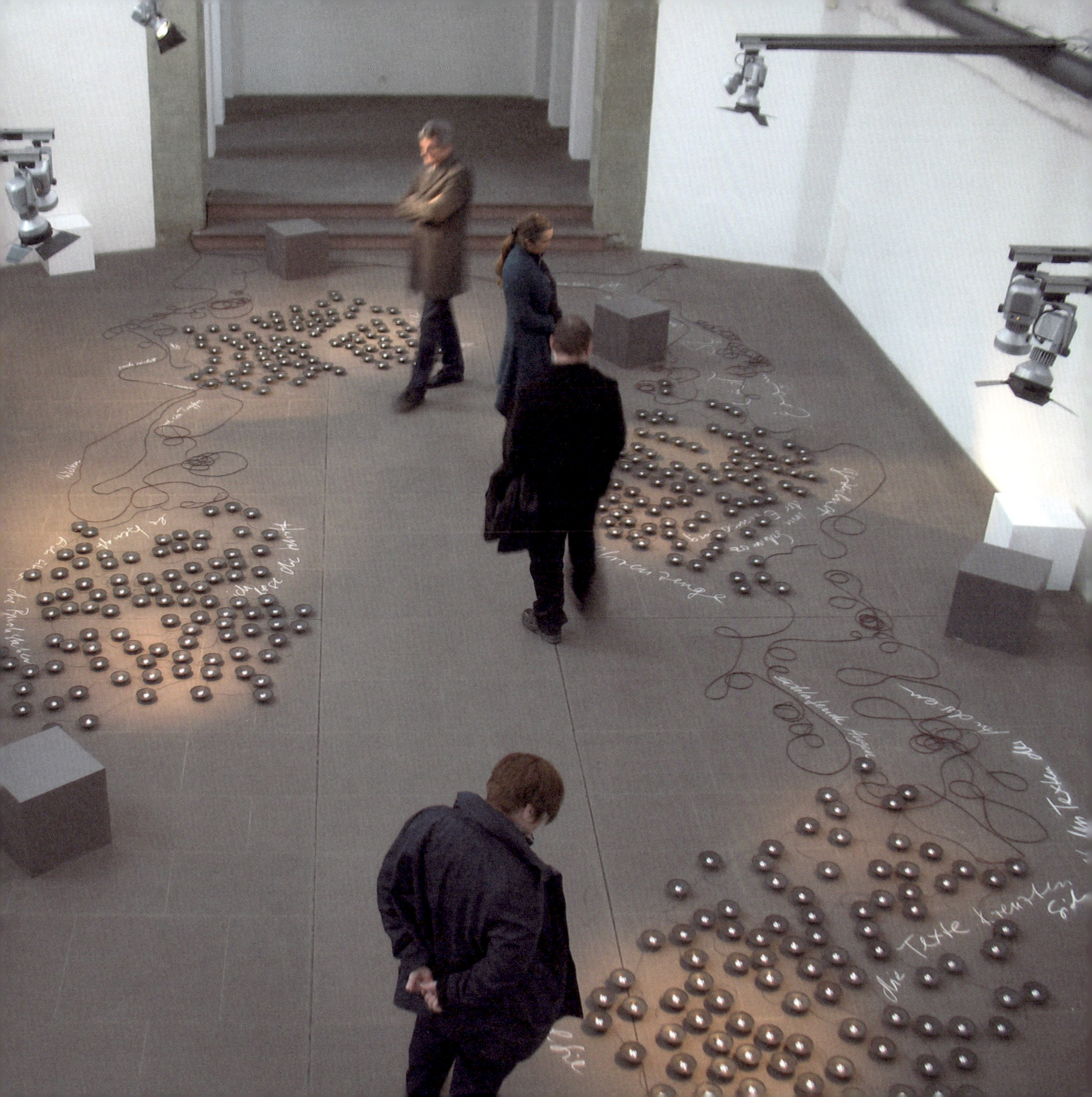

EINES SCHATTENS TRAUM SIND MENSCHEN

Text: Sylvia Wendrock

„Eines Schattens Traum sind Menschen"

aus Pindar: Achte Pythische Ode

An diesem Satz kann man vergehen, will man ihn verstehen. Er entstammt der Odensammlung *Epikinae* des griechischen Dichters Pindar aus dem fünften vorchristlichen Jahrhundert, der Chorlyrik für die Sieger der Olympischen Spiele verfasste. Sie war als Kantate, also musisch und inszeniert gedacht, und hinterfragte die Bedeutung eines Sieges bezüglich der Dauer und Gestalt eines Menschenlebens, das durch einen ersten und einen letzten Atemzug in seiner irdischen Form begrenzt und geformt wird. Und er bildet das sprachliche Klangmaterial für Clara Oppels *Breathing Space*, das 5400 Lautsprecher auf dem Boden zu einem geschwungenen Zeichen verdichtet, aus dem Klänge aufsteigen, sich an den Wänden fortbewegen und überlagern und je nach Position des Hörers zu Assoziationen und Gesprächen formieren. Dieser Satz transzendiert die menschliche Existenz pfeilgerade ins Zentrum und eröffnet Welten um Welten, denn sobald wir die Begriffe Traum und Schatten bewegen, befinden wir uns in Nichtbegreiflichkeiten, in Vorstellungsräumen. Und genau in diesen beginnt Clara Oppel zu sprechen.

'Humankind is a shadows dream'

from Pindar: Eighth Pythian Ode

You can vanish into thin air trying to understand this sentence. It comes from the *Epikinae*, a collection of odes by the fifth century B.C. Greek poet Pindar. He wrote choral poetry for the winners of the Olympic Games. This was intended as a cantata, a performance with music. The text questions whether winning has any value, in view of the brevity and general nature of human existence, sandwiched as its earthly form is, between a first and a last breath. The sentence provides the spoken sound material for Clara Oppel's *Breathing Space*. The work compresses 5400 loudspeakers on the floor into a curved sign, from which sounds emerge, move along the walls, and overlap and form associations and conversations depending on the listener's position. This sentence transcends human existence, penetrates directly to the core of things and opens worlds upon worlds. For as soon as we set the concepts of dream and shadow in motion, we find ourselves in spaces of the imagination, beyond comprehension. And this is where Clara Oppel begins to speak.

TRAUM

All ihre Arbeiten fußen auf dem Dreiklang von Visuellem, Akustischem und Räumlichem. In der Wahrnehmung dessen, was ein Objekt erzählt und auf der Suche nach dem, was ein Objekt erzählen kann, setzt Clara Oppel objekteigene und objektfremde Sounds aus O-Tönen vor allem in Symbiose. In *Whispering Tulips* bittet ein Tulpenmeer beispielsweise flüsternd um Befreiung, ein ganzes Tee-Service hält in *Schlafstimmen* auf einem schwebenden Tisch die Gespräche der abwesenden Gäste aufrecht. Oder sind es im Porzellan gefangene Stimmen? Die Tassen fungieren als Platzhalter ihrer Benutzer und Benutzung, das Klirren von Porzellan ist zu hören. Schwebend installiert in einen fast dunklen Raum verliert die Szenerie aber ihren Bezug, die Klänge werden frei, die Orientierung des Betrachters schwindet. Er kann beginnen, seine Wahrnehmung neu zu befragen, Phänomene neu auszuloten.

Clara Oppels beständiges Aufspüren der Nuancen, Farben und Töne die einem Ding, einem Wort, einem Gedanken innewohnen, sprechen eine Einladung an den Betrachter aus, genauer hinzuhören, sensibler wahrzunehmen, das Verhältnis zwischen Hören und Sehen immer wieder zu hinterfragen. Klangkunst wird dabei für Oppel zur grenzübergreifenden Sprache, die durch die paritätisch aufgeteilten Rollen der auditiven, visuellen und räumlichen Komponenten quasi zwangsläufig zu einer immateriellen Klangskulptur führen. Dann sind es wie bei *Mindspace* einerseits Erinnerungen, die durch die Wahrnehmung von Bekanntem beim Rezipienten innerlich abgerufen werden, sodass der Rezipient auf diese Weise für das Werk auch zum Parameter und eine unverfälschte, individuelle Raumerfahrung ermöglicht wird. Andererseits stellen Arbeiten wie *Phones* oder *Schlechte Brille* auch schon mal Forderungen, mit den Augen zu hören oder mit den Ohren zu sehen. Mindestens aber führen Oppels Arbeiten zu einer Konfrontation mit

DREAM

All her works are based on the triad of the visual, the acoustic, and the spatial. In perceiving what an object presently tells and in the search for what an object might yet tell, Clara Oppel generates a symbiosis of the intrinsic sounds an object produces and sounds external to the object. In *Whispering Tulips*, for example, a sea of tulips pleads in a whisper to be set free, or in *Sleep Voices* an entire hovering tea service preserves the conversations of absent guests. Or does one hear voices trapped in porcelain? The cups mind the places of their users and what they do – the clinking of china is heard. Hovering in an almost dark room, however, the scenery loses its points of reference, the sounds become emancipated, the observer's orientation fades. He can begin to question his perception in a new way, to investigate phenomena in a new way.

Clara Oppel's constant quest for the nuances, colours, and tones inherent in a thing, a word, or a thought, implies an invitation to the viewer to listen more closely, perceive more sensitively, and question again and again the relationship between hearing and seeing. For Oppel, sound art is a language that transcends borders. The absolutely equal treatment of the auditory, visual, and spatial components, leads almost inevitably to an ethereal sound sculpture. Then, as in *Mindspace*, on the one hand it is memories that arise internally in the recipient through the association with familiar things, so that in this way the recipient also becomes a parameter of the work and a pure, individual spatial experience is made possible. On the other hand, works such as *Phones* or *Bad Spectacles* also sometimes challenge to hear with the eyes or see with the ears. At the very least, however, Oppel's works lead to a confrontation with transience, for sound is fleeting, and perception and memory are very individual and momentary processes. The decontextualization of sounds and objects, in the way in which, for example in *Bit of Meadow*, a round piece

der Vergänglichkeit, denn Klang ist flüchtig, Wahrnehmung und Erinnerung sehr individuelle, momenthafte Vorgänge. Die Dekontextualisierung von Klängen und Objekten, wie beispielsweise in *Wiesenstück* ein rundes Stück Wiese den Boden einer Kirche kontrastiert, bewirkt die Konfrontation der Natur mit dem Anthropozän und die Eröffnung eines weiteren Bedeutungsraumes: den Schatten des Menschen.

SCHATTEN

Unterscheidet sich der Mensch von anderen Lebewesen durch die Ausbildung eines Bewusstseins, ist damit vielleicht mehr als das nun jahrhundertelang betonte Alleinstellungsmerkmal verbunden. Bewusstwerdung bedeutet auch, die Folgen seiner Handlungen wahrnehmen und erkennen bzw. sogar voraussehen zu können. Dieses Gesehene zu integrieren, ist Gebot der Stunde, will aber erlernt sein. Der Mensch entscheidet immer, wie er handelt, diese Entscheidung wird ihm nicht abgenommen. Fraglich ist nur, wie bewusst er das tut. Jede menschliche Handlung birgt Schatten – das Unbewusste. Der bisherige Mensch hat meist die Augen vor diesen Schatten verschlossen und dadurch seiner eigenen Natur nicht entsprochen. Doch die Notwendigkeit solcher Schattenarbeit lässt sich angesichts des Zustands der Erde nicht leugnen. Die Angst vor schmerzhaften, unangenehmen Erfahrungen und Gefühlen darf einem neuen Mut und Vertrauen aus Gemeinschaft weichen und eine Umwertung auslösen hin zu einem integrativeren, relativierten Verständnis von Welt, Geschichte und Selbst. Vielleicht wollen Clara Oppels Klangskulpturen auch dazu ermuntern, denn sie stellen durch die Begegnung der verschiedenen Disziplinen unentwegt Zwischengestalten, Zwischenzeiten, Zwischenräume her. In solchen Metaräumen beginnt die Auseinandersetzung mit sich selbst und der Umwelt. So werden zeitkritische Aussagen transportiert, Erfahrungsräume transzendiert, Seele wird unvermittelt spürbar.

of meadow contrasts with the floor of a church, points to the confrontation of nature with the Anthropocene and opens up yet another space of meaning: the shadow of humankind.

SHADOW

If cultivating an awareness is what distinguishes humankind from other living creatures, perhaps that means more than merely the distinguishing characteristic which has been maintained so vehemently for centuries now. Becoming really aware surely also means being able to perceive and recognize, or even foresee, the consequences of one's actions. To act upon our observations really should be the highest priority, but apparently it's a hard lesson to learn. In the final analysis, of course, we are the ones who decide how we act – nobody else chooses for us. The question is though, how consciously we do it. Every human action contains shadowy areas – the unconscious. Up until now we have usually closed our eyes to these shadows, which has meant not really taking responsibility. But considering the state of the planet, we can't really afford to ignore the need to confront these darker forces. The fear of painful, unpleasant experiences and feelings really should be replaced by a new courage and faith in communal interests, and lead to a more integrative, holistic understanding of the world, history, and ourselves. Perhaps Clara Oppel's sound sculptures can further the process. Through the encounter of the various disciplines, they constantly create intermediate shapes, intermediate times, intermediate spaces. The confrontation with oneself and the environment can begin in meta-spaces like these. This is a way to disseminate critical ideas of our time, grow beyond our individual experience, and make direct contact with our souls.

„Der Wind besänftigt, schlummernd der Hund,
indes dieser ruht, hält jener sacht
die Bewegung der Atome inne,
besorgt, durch leichtes Raunen,
leisen und doch frevelhaften Laut,
die befriedete Stille zu entweihen."

Aus Sor Juana Inés de la Cruz, *Der Traum*

'The wind soothes, the dog slumbers.
While the dog sleeps, the wind gently halts
the movement of the atoms, taking care not to defile
the peaceful silence by a quiet whisper,
a soft yet profane sound.'

(Translation: KDH)
from Sor Juana Inés de la Cruz: *The Dream*

SEELE

Clara Oppels Anliegen, das Dazwischen zu erkunden und die Seele in den Dingen aufzuspüren, führt sie zunehmend weg vom Objekt zur Linie, zur grafischen Gestalt von Malerei. Die Linie ist eine forschende Aufdeckerin, sie holt die Aufmerksamkeit auf den Punkt, sammelt das Darzustellende klar und pointiert ein und bringt oft das Unzumutbare zum Ausdruck. Reduziert auf solche grafische Strukturen am Boden liegender oder an der Wand hängender Lautsprecher, aus der sich Töne in den Raum erheben, vollzieht sich eine sukzessive Bewegung zur Essenz ihres Ausdrucks. Oppels Lautsprecher treten immer in Schwärmen auf, deren Stimmen untersuchen Ereignisverläufe, wenn sie kollektiv werden, verdichten auch die Klänge sich, ergänzen, sinfonieren oder löschen sich aus. Tritt man ein in diese Arbeiten, beginnt eine Erkenntnisreise zu ganz ontologischen Fragen: Wer sind wir? Wohin gehen wir? Jeder Raum hat seine Persönlichkeit, jedes Ding seinen Klang, der bei Clara Oppel in Bezug zur äußeren Umgebung gesetzt wird. In *transient* sind beispielsweise die Verständigungssignale dort lebender Fledermäuse nach unten transponiert, da das menschliche Ohr für die Frequenzen über 20 kHz physiologisch nicht empfänglich ist. Deren Austausch plötzlich hörbar zu haben, erfüllte die Künstlerin mit demütigem Respekt. Als Übersetzerin behandelt sie das akustische Material der jeweiligen Umgebung, im Fall von *transient*

SOUL

Clara Oppel's mission to explore the nooks and crannies and plumb the depths of the essence of things leads her increasingly away from the object to the line, to the graphic form of painting. The line is an exacting investigator. It focuses attention, bundles what is important, and often expresses the uncomfortable truth that needs to be told. Reduced to such graphic structures as a loudspeaker, lying on the floor, or hanging on the wall, emitting sounds into space, a gradual movement towards the essence of her expression takes place. Oppel's loudspeakers always appear in swarms, their voices investigating sequences of events. When they act collectively, the sounds condense, complement, harmonize, or cancel each other out. One can enter these works, and then one begins a journey of insight into really ontological questions: Who are we? Where are we going? Every room has its personality, every thing its sound, which in Clara Oppel's work also relate to the external environment. In *transient*, for example, the communication signals of bats living there are transposed lower, because the human ear can't physiologically pick up frequencies over 20 kHz. To have their interaction suddenly audible filled the artist with humility. As a translator, she uses the acoustic material of the respective environment, in the case of transient, the casemate and its natural inhabitants. She introduces the processed summer sounds into the winter quarters, and thus expands both their space and their

der Kasematte und ihrer natürlichen Bewohner. Sie führt die Sommergeräusche, bearbeitet, dem Winterquartier zu und erweitert damit sowohl deren Raum-, als auch deren Klangwirkung. Sie gibt dem Überhörten und kaum noch Wahrgenommenen eine Bühne. So werden ihre Arbeiten auch politisch. Die Relationen des Innen und Außen, des Einzelnen und Kollektiven verschwimmen. Es bietet sich ein neues in Beziehung treten mit sich selbst an und ein Neuverhandeln von Wahrnehmungstraditionen. Was wäre, wenn sich die Menschen selbst aus dem Zentrum ihrer eigenen Weltanschauung nehmen würden?

„Wie vermag man einen Willensakt von einer einfachen Vorstellung in dem Augenblick zu unterscheiden, wo gedankliche Empfindungen die leibliche Übertragung nicht mehr finden? Ich würde euch sicher tiefer gepackt haben, wenn ich die Geschichte von einem Kinde erzählt hätte, das zu Unrecht bestraft wurde. So habe ich euch durch einen Wirbelsturm geführt, möglicherweise ohne euch zu beunruhigen. ... Aber körperliches Geschehen berührt uns nur, wenn man uns seinen geistigen Hintergrund zu deuten vermag."

Aus: Antoine de Saint-Exupéry, *Wind Sand und Sterne*

GEIST

Über den Klang gelangt Clara Oppel ins Dreidimensionale. Durch die Mehrkanaligkeit – von stereo bis zu 20-kanalig arbeitete die Künstlerin bisher – werden Bewegung und Anordnung des Klangs im Raum organisiert. Es entsteht eine Umgestaltung des erlebten Raumes durch Klang. Das führt zu akustischen Bildern, die weder festgehalten noch reproduziert werden können. Durch dieses akusmatische Drapieren und Bewegen von Klang im Raum entstehen Geister, da die Klänge auf keine objekthafte Quelle zurückführen. Clara Oppels Arbeiten geraten zunehmend visuell

acoustic impact. In so doing, she provides a forum for the scarcely heard and the barely perceived. In this way, her works also acquire a political dimension. The distinctions between inside and outside, between the individual and the collective, become blurred. It's a chance to form a new relationship with oneself and renegotiate traditional perceptions. What would happen if people took themselves out of the centre of their own world view?

'How can one tell an act of the will from a simple image when there is no transmission of sensation?
I could perhaps succeed in upsetting you if I told you some story of a child unjustly punished. As it is, I have involved you in a cyclone, probably without upsetting you in the least. This is no novel experience for any of us. ... The physical drama itself cannot touch us until some one points out its spiritual sense.'

from: Antoine de Saint-Exupéry, *Wind Sand and Stars*

SPIRIT

Clara Oppel achieves three-dimensionality by means of sound. She uses a multichannel system – so far she has worked with everything from stereo up to 20 channels – to make movement and shape in space tangible through sound. Sound transforms spatial experience. This leads to acoustic images that can neither be stored nor reproduced. This acousmatic folding and movement of sound in space creates ghosts, as the sounds do not lead to an object source. The visual aspect in Clara Oppel's works is reduced more and more. She regards creating a space through sound alone as the supreme discipline.

When sound is the only operative factor, her work gets closer and closer to the nonphysical – certainly an idea worth

reduzierter, einen Raum nur über den Ton zu kreieren, beschreibt sie als Königsdisziplin.

Wenn nur der Schall wirkt, mündet ihre Arbeit ins Immaterielle – ein erstrebenswerter Gedanke, auch im Sinne der Nachhaltigkeit. Überhaupt sind Oppels Arbeiten selten reproduzierbar: Sie verwendet die Materialien und Lautsprecher gern mehrmals, setzt sie verändert wieder ein, um dem Material wenigstens ansatzweise ein zirkulierendes Dasein zu verschaffen.

Ohne rückbezüglichen Gegenstand geraten Klänge zu Wesen, Geistern. Anwesenheiten werden personifiziert und irritieren, denn Menschen gebrauchen Klanginformationen zur Koordination, sich im Raum zu bewegen. Außerdem ist das Ohr des Menschen auch für dessen Gleichgewichtssinn zuständig. Nur ist die Menschheit schon lange aus der Balance mit sich und im Umgang mit der Welt gebracht. Unterstützt das genaue Hören womöglich diesen so notwendigen Prozess des Ausbalancierens eines veränderten Selbst- und Weltverständnisses? Ab wann kann man sich aber überhaupt als Hörende/r bezeichnen? Feine, dünne, hohe, leise Töne werden oft nicht mehr wahrgenommen, weil die Zeit sogar zum Hören zu knapp wird. Und auch Stille ist ein Phänomen der Hörenden. Die letzte Macht ist Stille, Klang wird zu Rauschen verdichtet, zwischen Vertrautem und Fremdem, Altem und Neuem, Bekanntem und Unbekanntem ist der einzige Ausweg für die Menschheit der Mensch selbst in seinem ganz persönlichen Innenraum, seinem Geist.

pursuing, not the least in terms of sustainability. In fact of course, even now Oppel's works can seldom be reproduced. She prefers to use materials and loudspeakers several times, and reuses them in different ways in order to recycle them, at least at a rudimentary level.

Without a reference to a preexisting object, sounds become beings, spirits. Presences get personified and cause irritation, because people use acoustical data to coordinate movement in space. And besides that, the human ear is responsible for the sense of equilibrium. Unfortunately humankind has long been out of balance with itself and in dealing with the world. Can it be that accurate hearing supports this indispensible process of achieving a balance between self-awareness and an understanding of the world? But at what point can one really call oneself a hearing person? Delicate and refined sounds – high-pitched or soft – are often no longer even noticed because time is too short to hear. Silence too is something for people who can hear. The ultimate force is silence, sound is condensed to a rustle. The only way for humankind to distinguish between old and new, familiar and foreign, the known and the unknown, is through the human species itself, in its very personal inner space, the spirit.

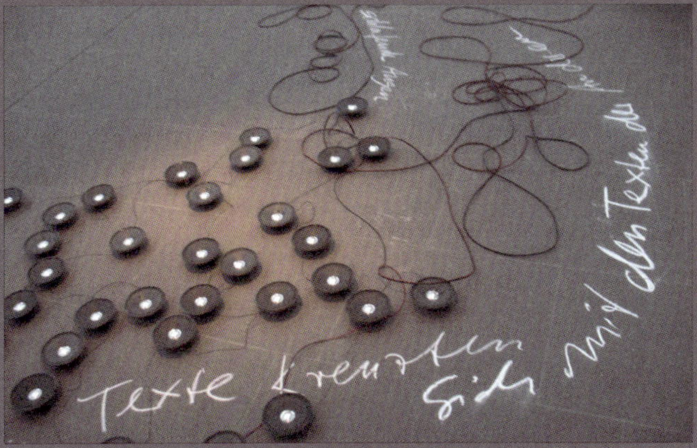

Sigmorgh II, Spitäle Würzburg

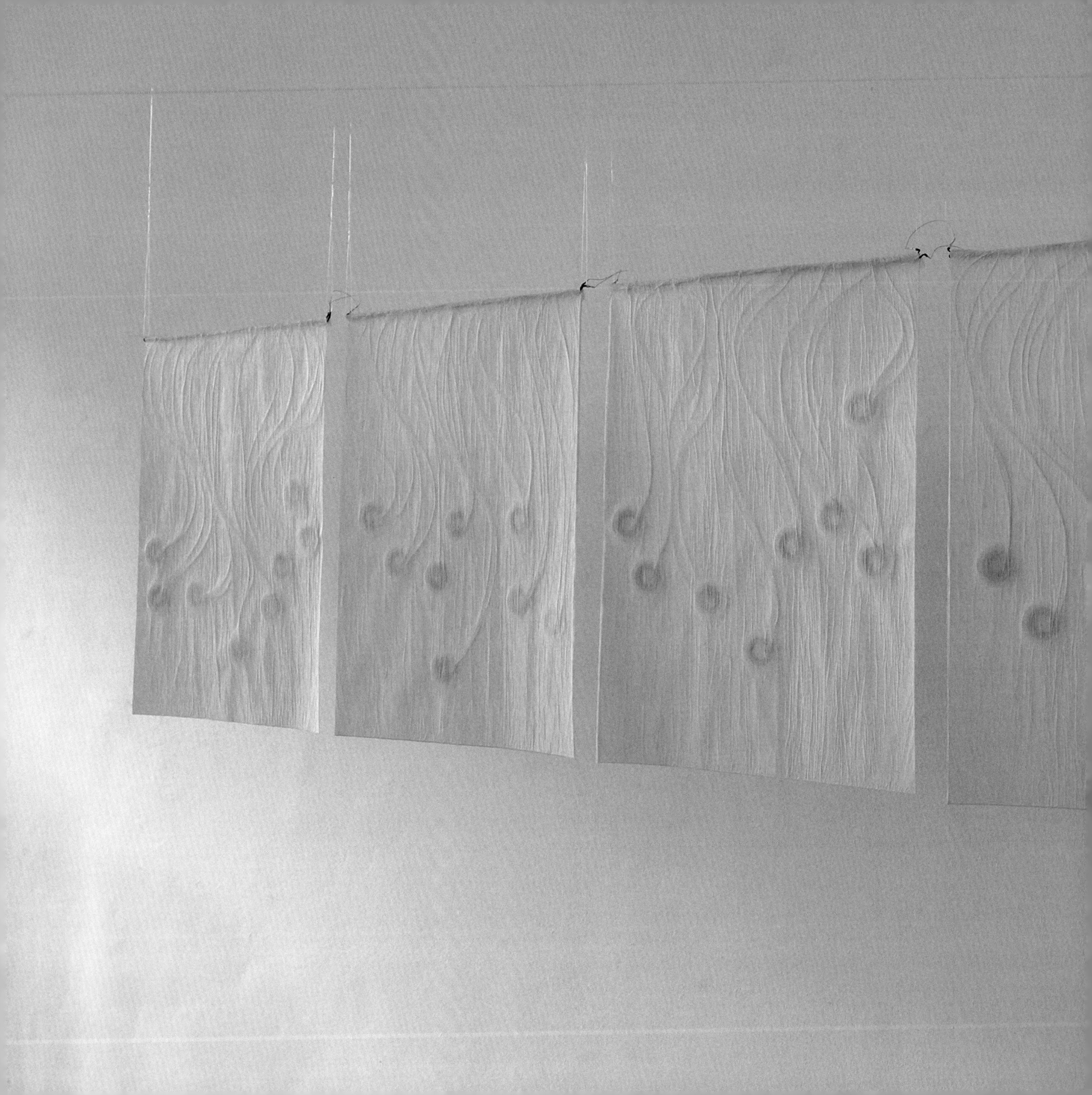

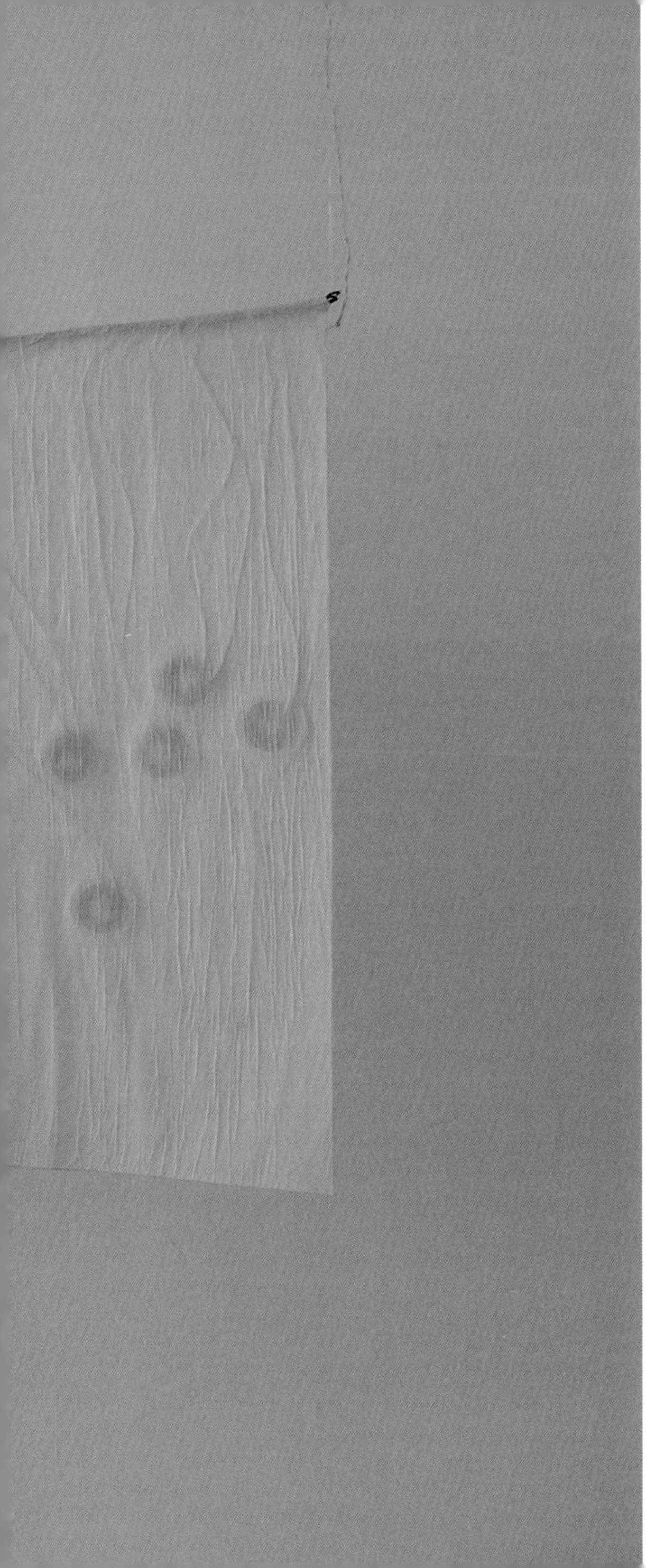

Simorgh I

2011, Klangobjekt/Lautgedicht.
4 Pergamentbögen, Piezo Schallwandler, Litze, 2-Kanal Audio, 80 x 100 cm

Marburger Kunstverein, Marburg, Deutschland

Simorgh, ein Fabelwesen des persischen Dichters Fariduddin Attar. Textpassagen aus dem Buch *Konferenz der Vögel* sind verschachtelt, fragmentiert und zu einem Lautgedicht komponiert. Man erlebt Sprache als Klang und ergibt sich der Musik der Laute, ihrer Sprachmelodie und ihrem Sprachrhythmus.

Simorgh I

2011, sound object/sound poem.
piezo, cable, parchment, 2 channel audio,
size 80 x 100 cm

Marburger Kunstverein, Marburg, Germany

Simorgh - a mythical creation of the Persian poet Fariduddin Attar. Text passages from his book *Conference of Birds* are interlaced, fragmented, and composed into a sound poem. One experiences language as sound and yields to the music of the sounds, their melody, and their rhythm.

Mindspace - the boundary between reality and illusion

2010, Klanginstallation. 3600 Kalottenlautsprecher, 4-Kanal Audio, Maße variabel.

ESC Labor Graz

In der Arbeit wird die Relation zwischen der Welt des realen und des vorgestellten akustischen Bildes untersucht: Eine Symbiose zwischen Klang und Raumbild.
Originaltöne, die einerseits erinnern lassen und gleichzeitig durch das Raumbild der Lautsprecherinstallation als Klangereignisse anderen Ursprungs aufgefasst werden können.

Mindspace - the boundary between reality and illusion

2010, sound installation. 3,600 loudspeakers, 4 channel audio system, dimensions variable.

ESC Labor Graz

In this work, I investigate the relationship between the real world and the imagined acoustic image: a symbiosis between sound and visual space.
Real immediate sounds can be remembered, and at the same time, through the spatial image of the loudspeaker installation, they can be perceived as sound events from somewhere else.

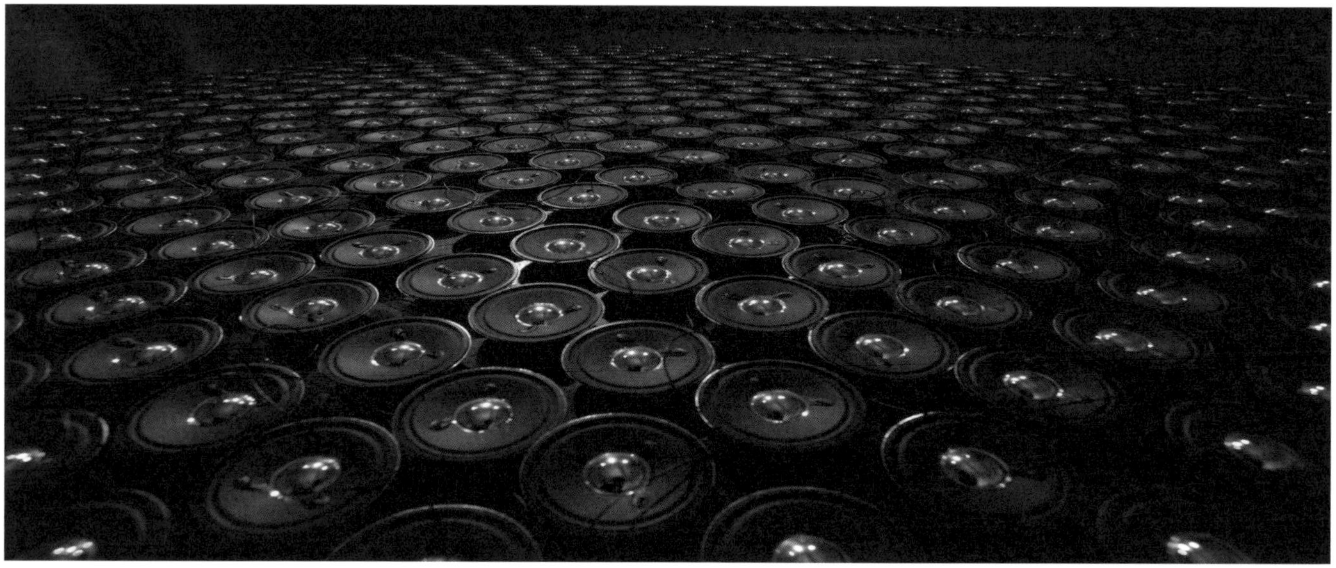

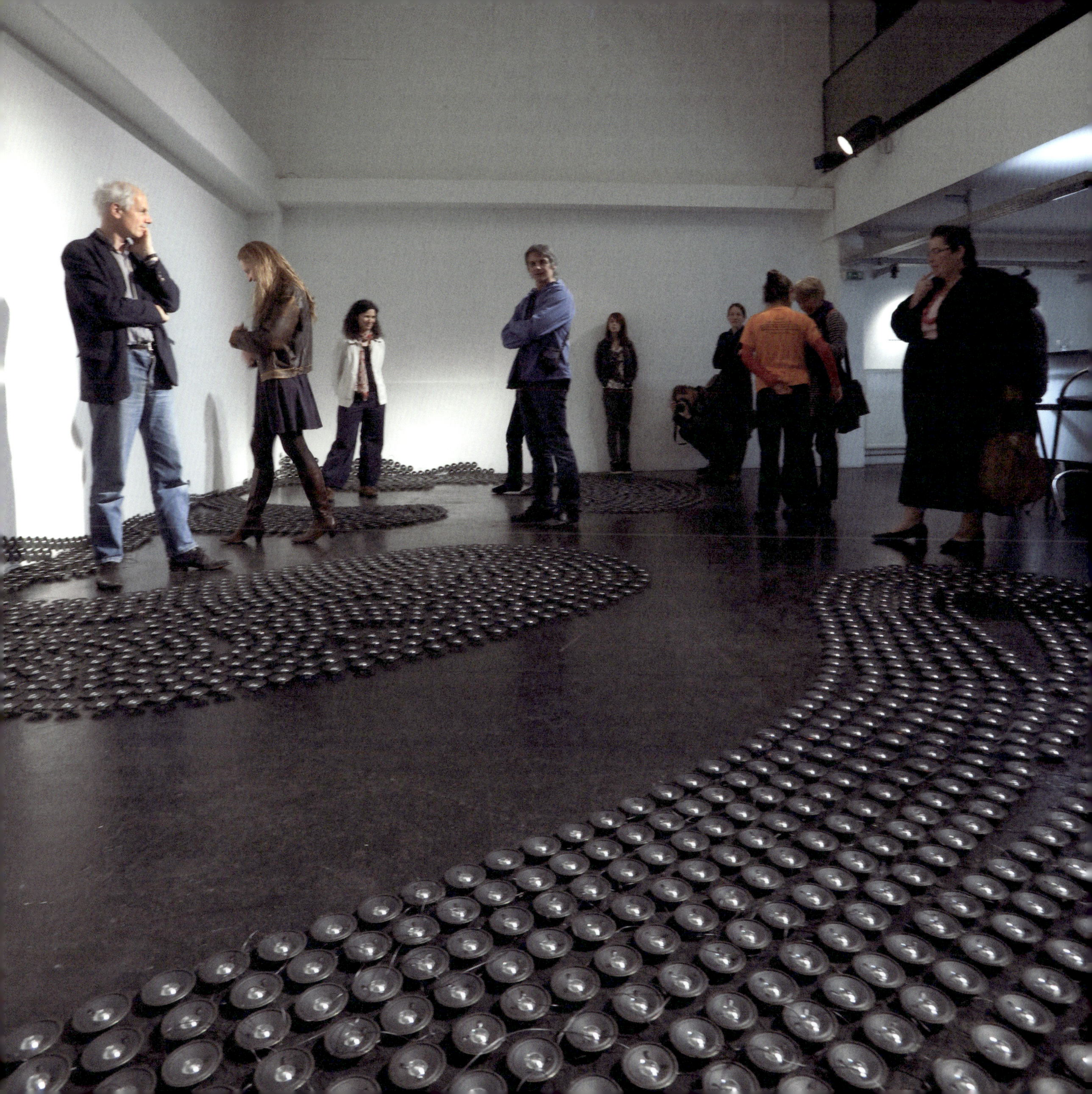

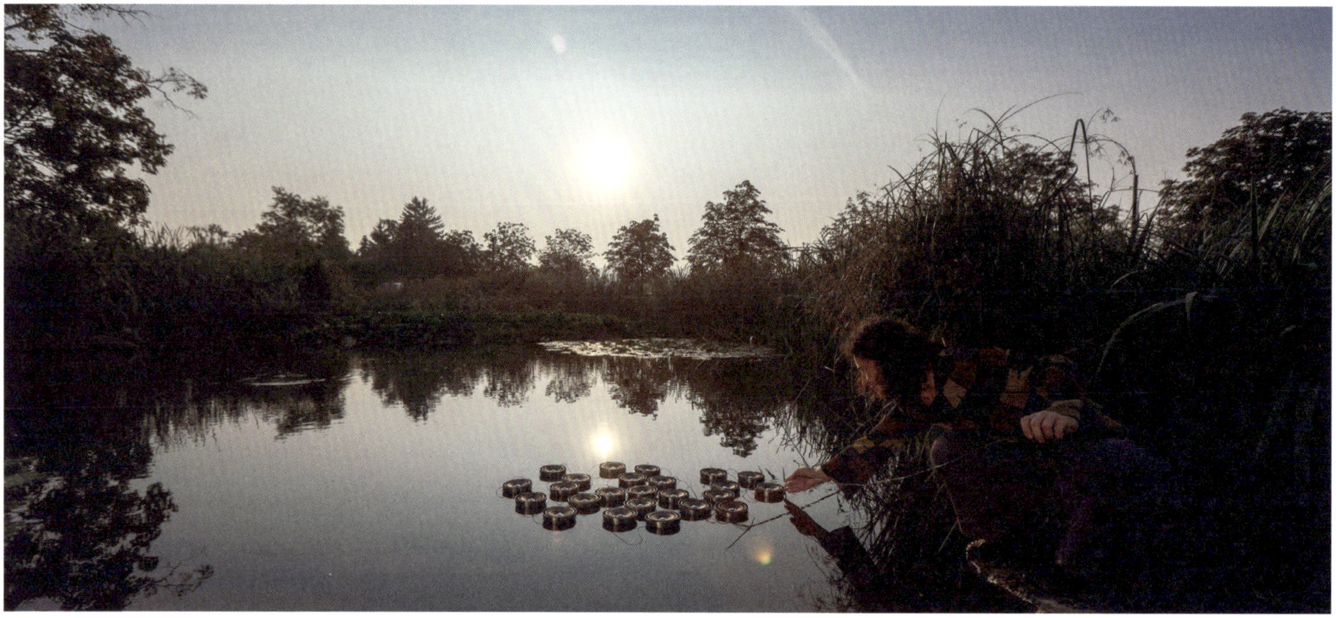

talking landscapes

2010, Konzertinstallation.
100 Lautsprecher, Kabel, Schalen, 4-Kanal Audio

Ein Kooperationsprojekt von ESC Labor und steirischer herbst in Kooperation mit dem musikprotokoll 09.
Funkhausteich - ORF Landesstudios Graz

Zum Sonnenaufgang und Sonnenuntergang werden mehrere klingende Lautsprecher auf die Wasseroberfläche des Teiches gesetzt. Die Lautsprecher formen sich zu vier schwimmenden Klanginseln. Der Klang bildet fragmentarische Hörbilder, die sich in zeitversetzten Intervallen über die Wasserfläche legen. *Talking Landscapes* ist ein Versuch, Raum zu schaffen, in dem der Betrachter in direkten Kontakt mit der Umgebung und seiner persönlichen Wahrnehmung tritt.

talking landscapes

2009, concert installation.
100 loudspeakers, cables, bowls, 4 channel audio

A project by ESC im Labor and steirischer herbst in cooperation with musikprotokoll 09.
Funkhaus pond ORF, Graz

At sunrise and sunset, several loudspeakers emitting sound are placed on the surface of the pond. The loudspeakers form four floating sound islands. The sound develops into fragmentary soundscapes that spread across the surface of the water at staggered intervals of time. *Talking Landscapes* is an attempt to create a space in which observers come into direct contact with the surroundings and their innermost personal world.

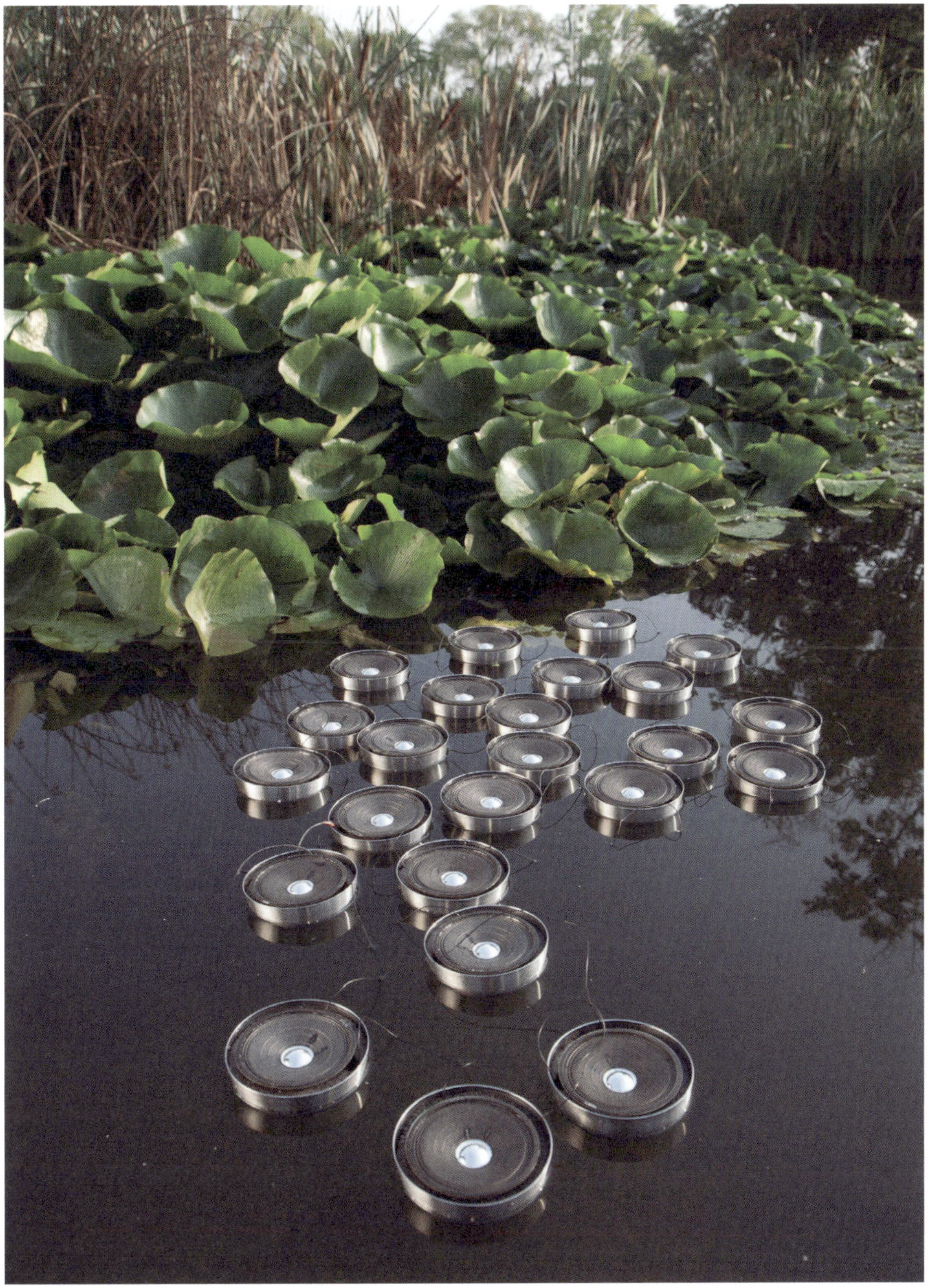

Schale aus Wort

2009, Klangobjekt, Lautgedicht, ø 85 cm

Rondo Graz

Word bowl

2009, sound object, sound poem, ø 85 cm

Rondo Graz

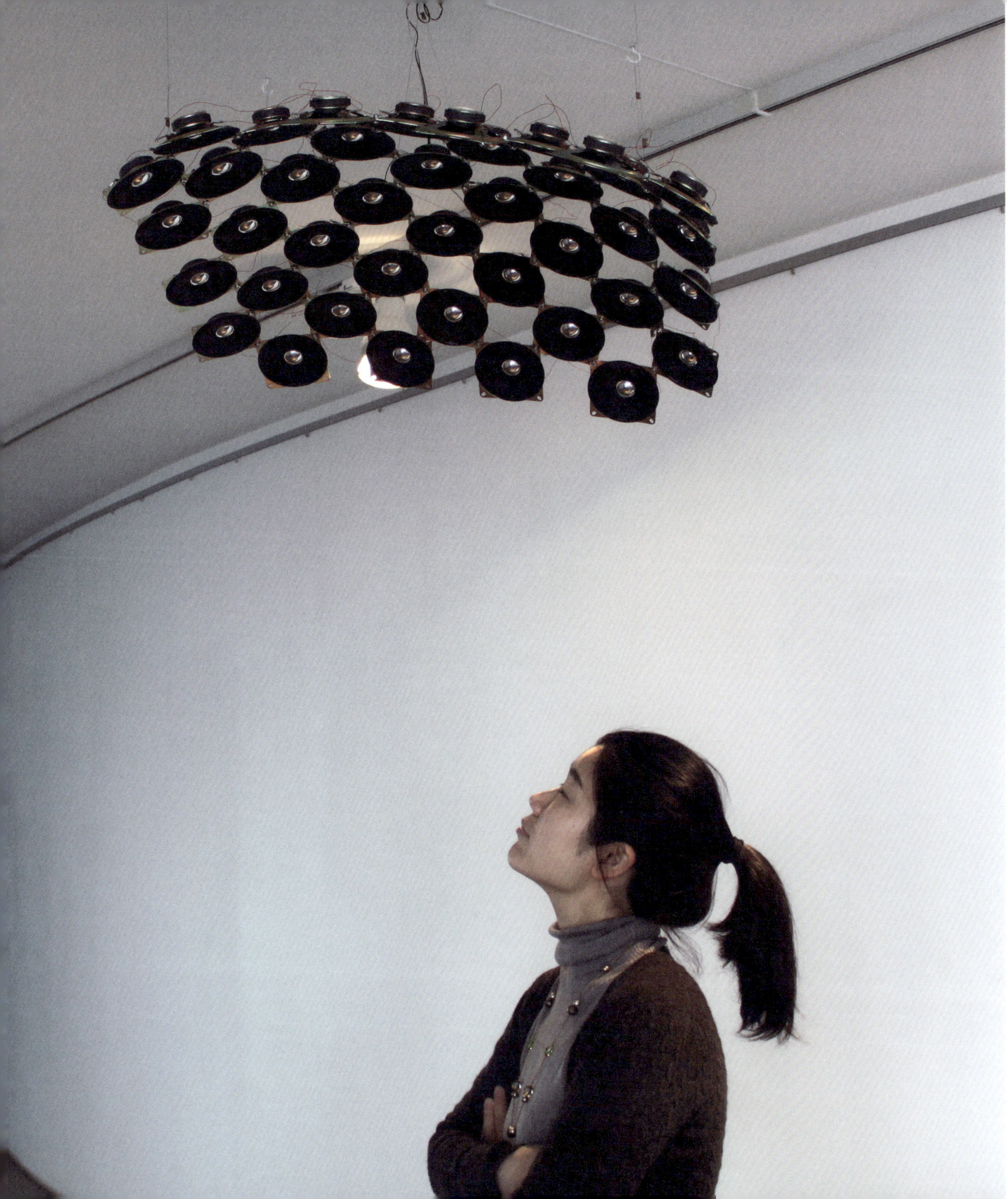

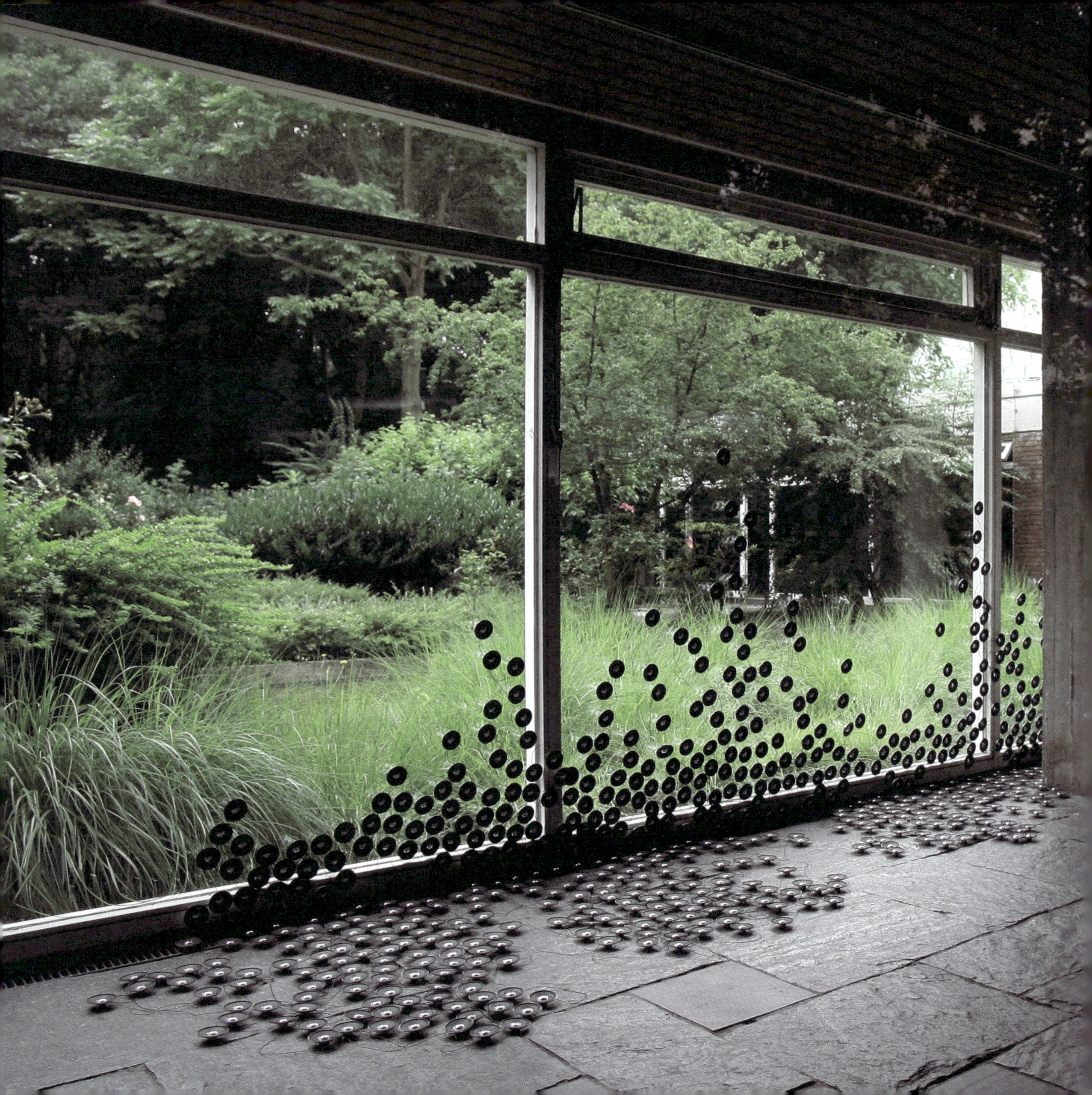

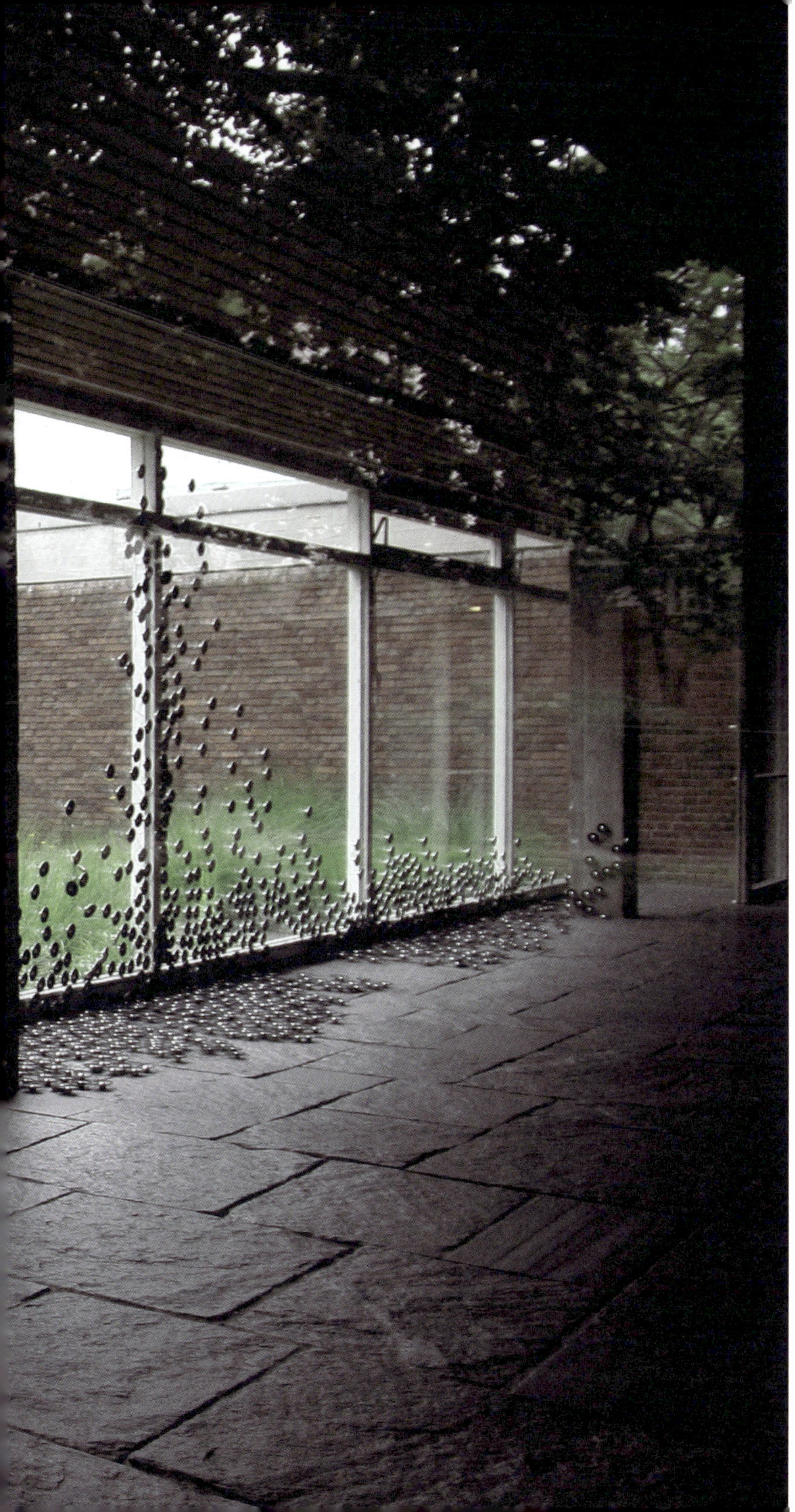

transeunt

2009, Klanginstallation. Lautsprecher, Kabel, 4-Kanal Audio

Akademie der Künste, Poesiefestival Berlin

transeunt

2009, sound installation, loudspeakers, cables, 4 channel audio

Akademie der Künste, Poesiefestival Berlin

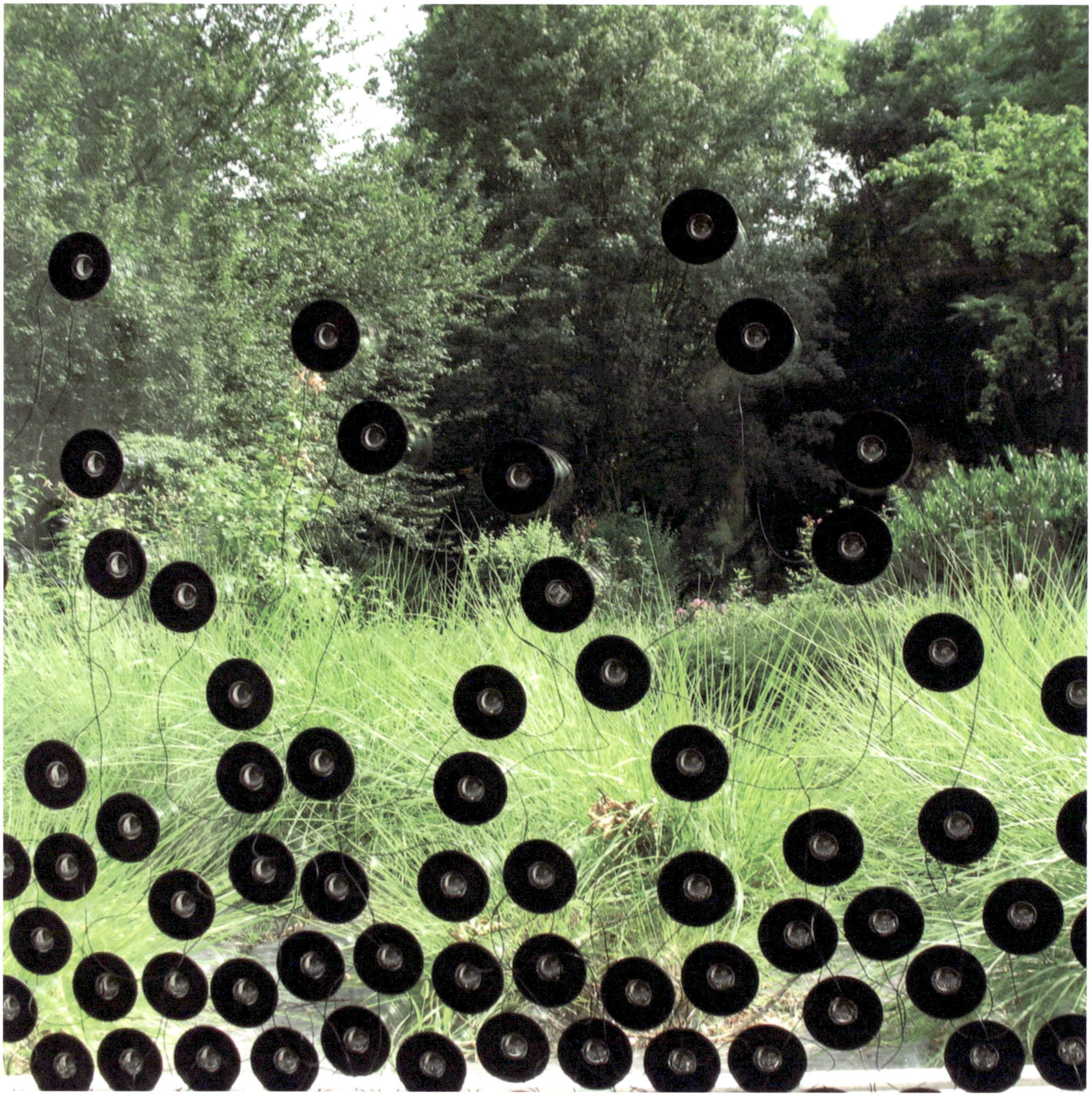

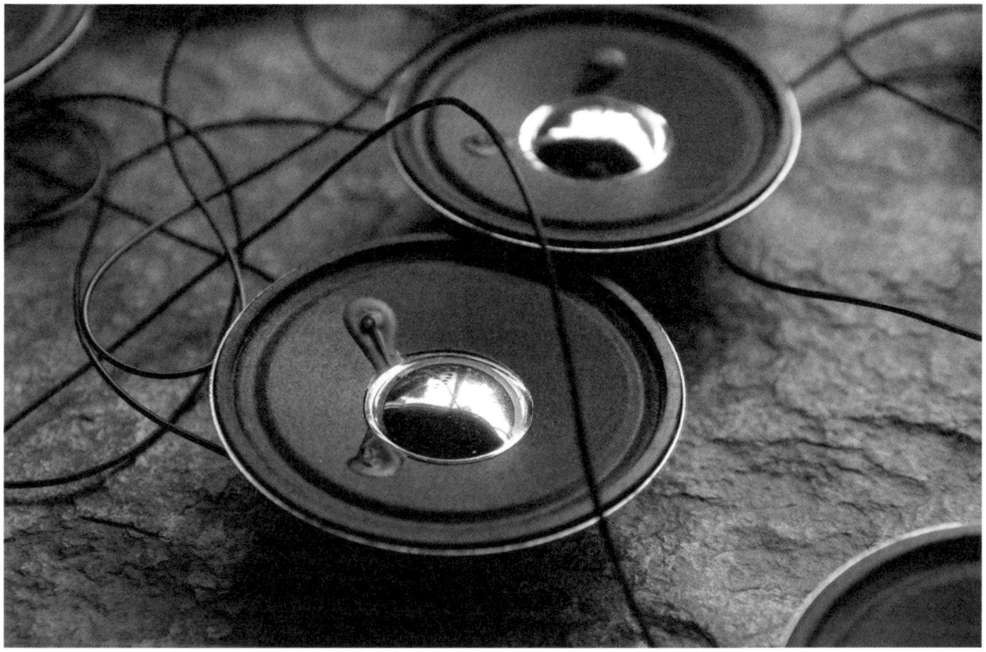

1200 Miniaturlautsprecher bilden begehbare Sprachinseln. Zu hören sind reale Erzählungen, die vermischt und verfremdet sind; Gedanken, Erinnerungen, emotionale Stimmungen sind fragmentiert. Sie stammen von verschiedenen Menschen, deren Stimmen Bilder beschreiben, die praktisch nicht vorhanden sind.

1200 miniature loudspeakers form islands of voices that can be walked on. Real stories are heard, but jumbled and made unfamiliar. Thoughts, memories, and moods are fragmented. They come from various people whose voices describe images that do not really exist.

Schlechte Brille

2007, Objekt ohne Ton
150 x 20 x 20 cm, Lautsprecher, Litzenkabel

Kunsthaus Essen, Deutschland

Bad spectacles

2007, object without sound
150 x 20 x 20 cm, loudspeakers, cables

Kunsthaus Essen, Germany

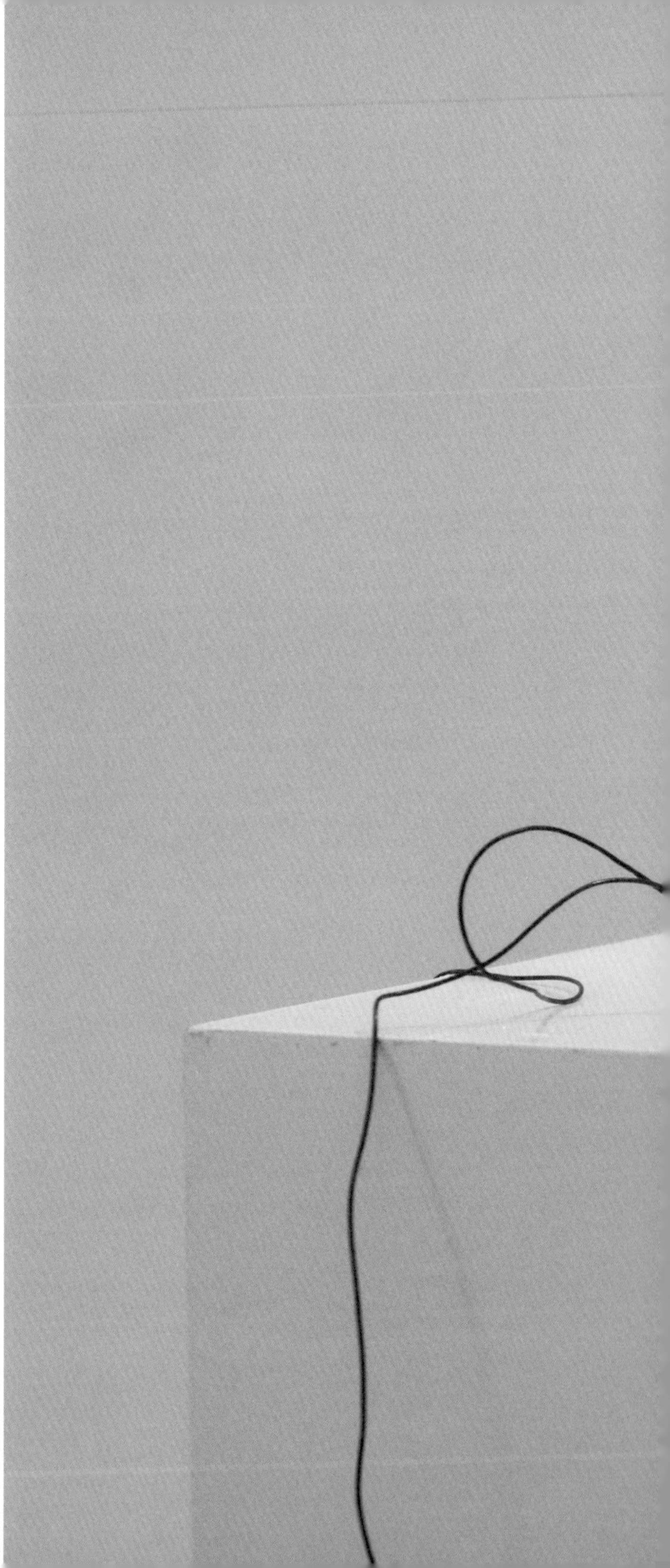

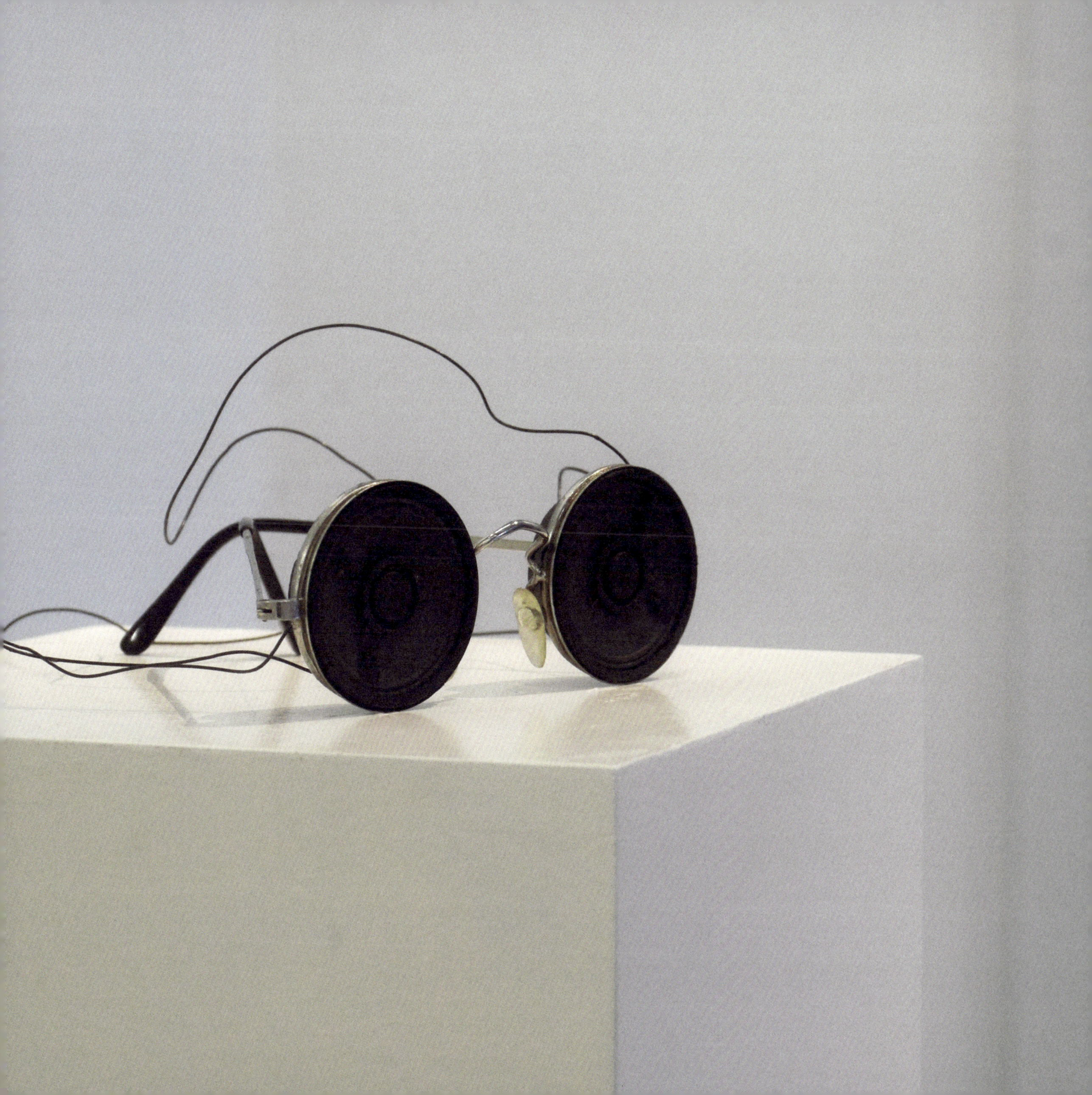

Langsame Augen

2006, Videoinstallation

Nürnberger Haus Krakau, Polen

Aus einem Kellerfenster lugt ein Auge nach außen.
Es gibt keinen Ton.

Slow eyes

2006, video installation

Nürnberger Haus Krakau, Poland

A single eye peers from a basement window.
There is no sound.

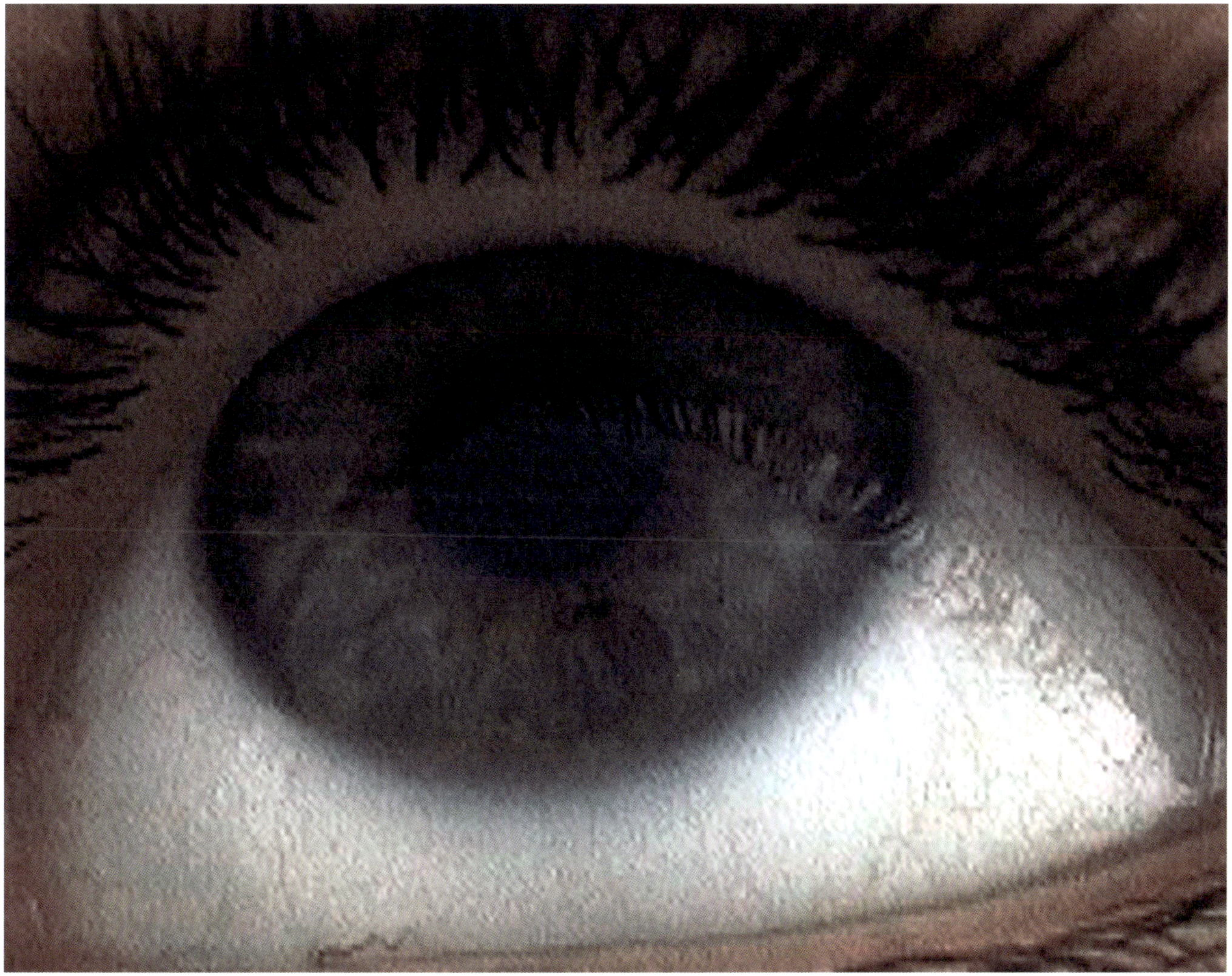

Floating Point

2005, Klanginstallation.
Kalottenlautsprecher, Kupferlackdraht,
Audioanlage, 10-Kanal Komposition
3,6 x 3,6 x 3,7 m

484 Lautsprecher hängen mit ihrer Membran nach oben, dicht an dicht bilden sie eine schwebende horizontale Ebene. O-Töne wandern von Lautsprecher zu Lautsprecher und vermitteln den Eindruck von fließender Bewegung. Die Töne werden ihrer Statik enthoben. Die akustische Form bleibt offen. Diese hängt vom Zeitpunkt ab und ist nur im Moment wahrnehmbar. Es gibt keine Wiederholung.

Floating Point

2005, sound installation.
loudspeakers, copper wire, electronic equipment,
10 channel composition
3.6 x 3.6 x 3.7 m

484 loudspeakers hang from the ceiling forming a hovering horizontal plane. Sound moves from one speaker to another, conveying the impression of a flowing movement. The sounds are relieved of their structure. The acoustic form remains free. This is a truly unique experience, never to be repeated.

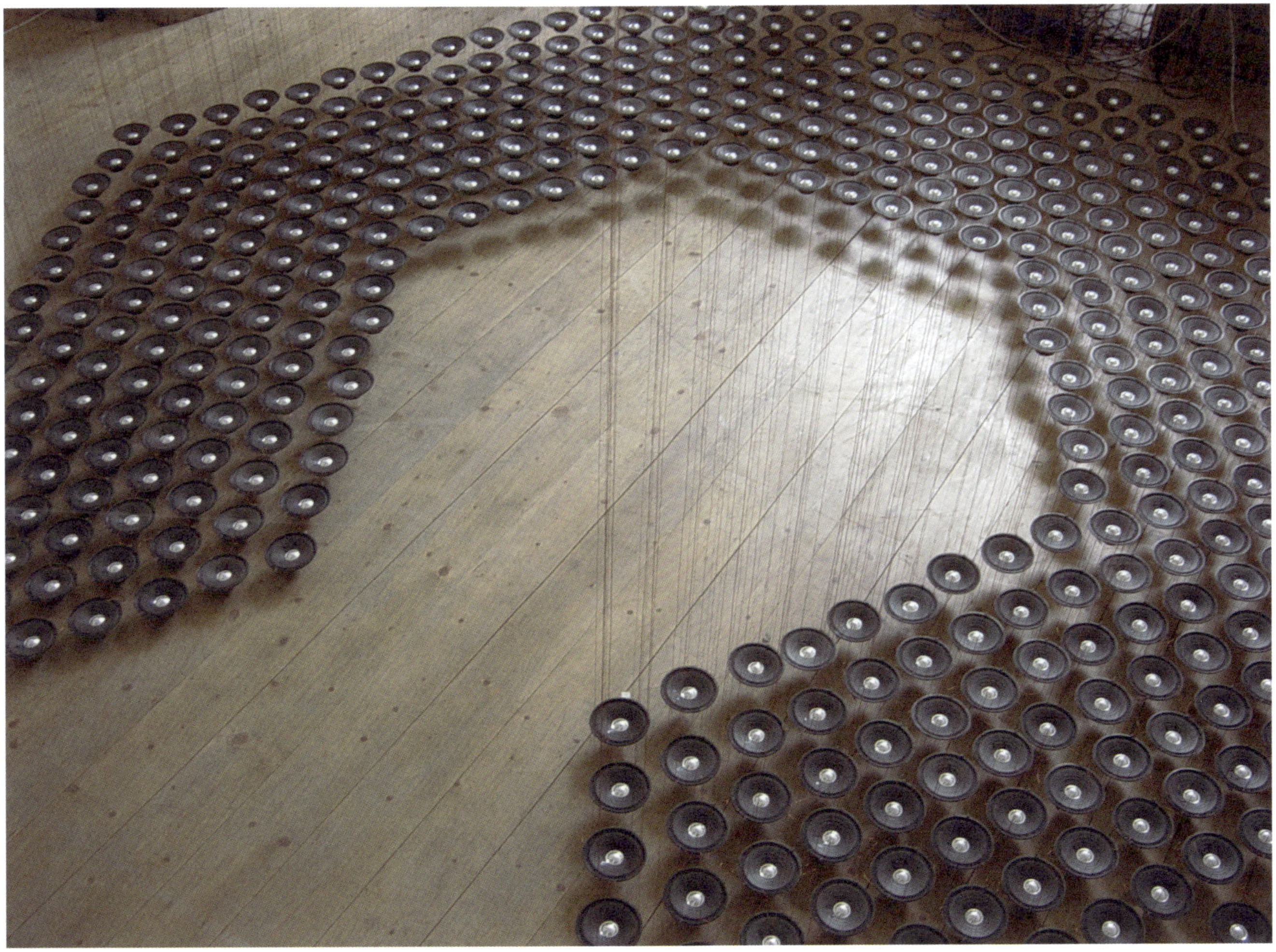

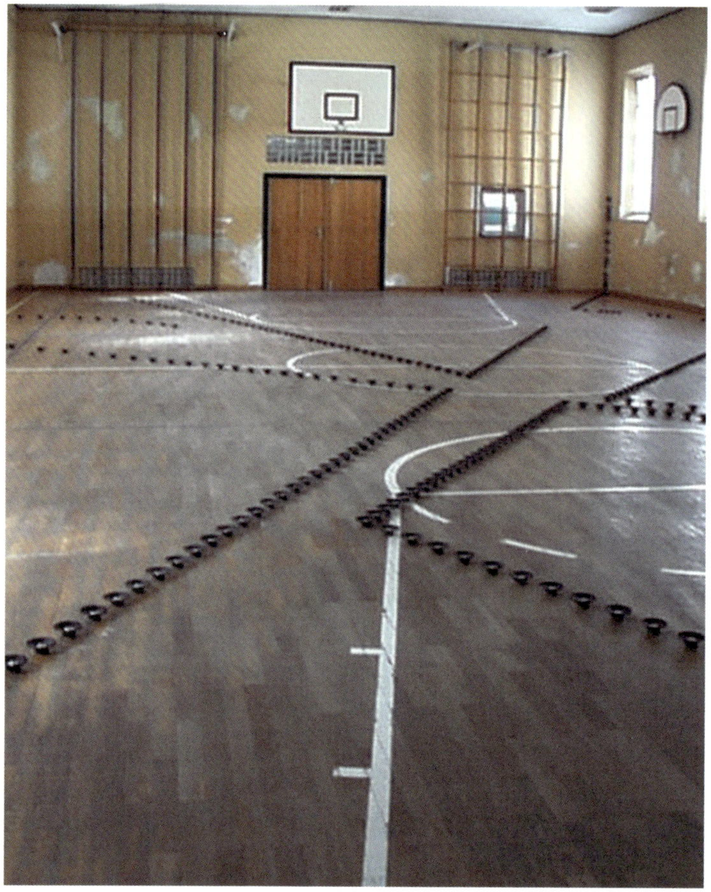

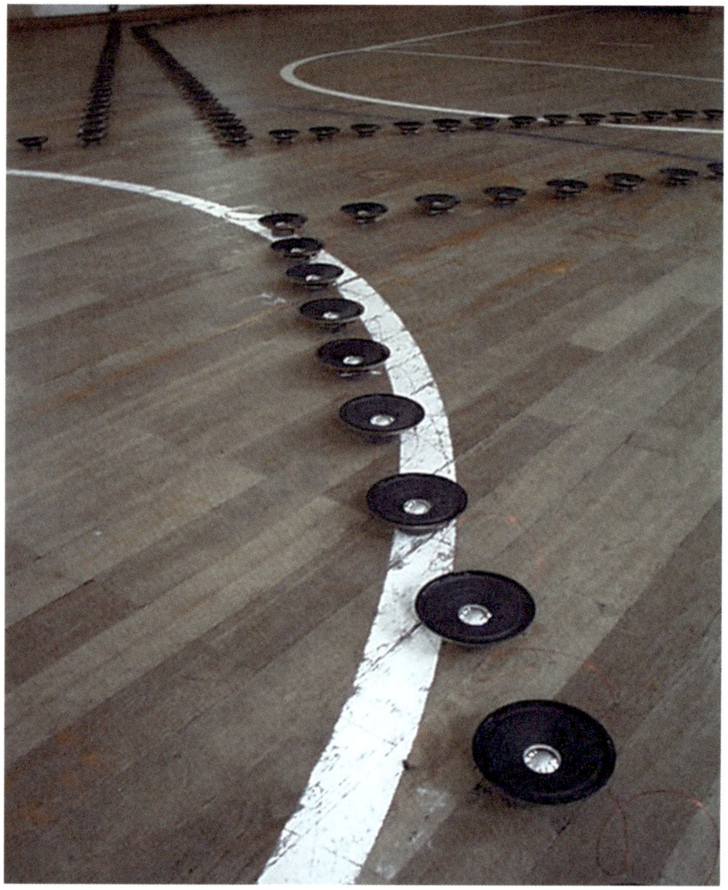

Schwabacher Kunstbiennale, Deutschland

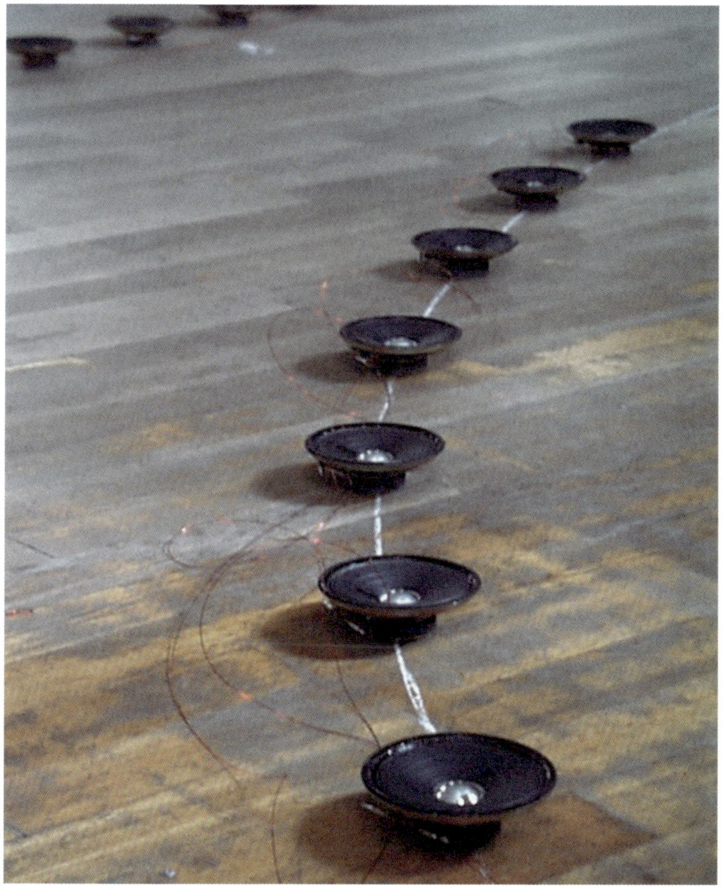

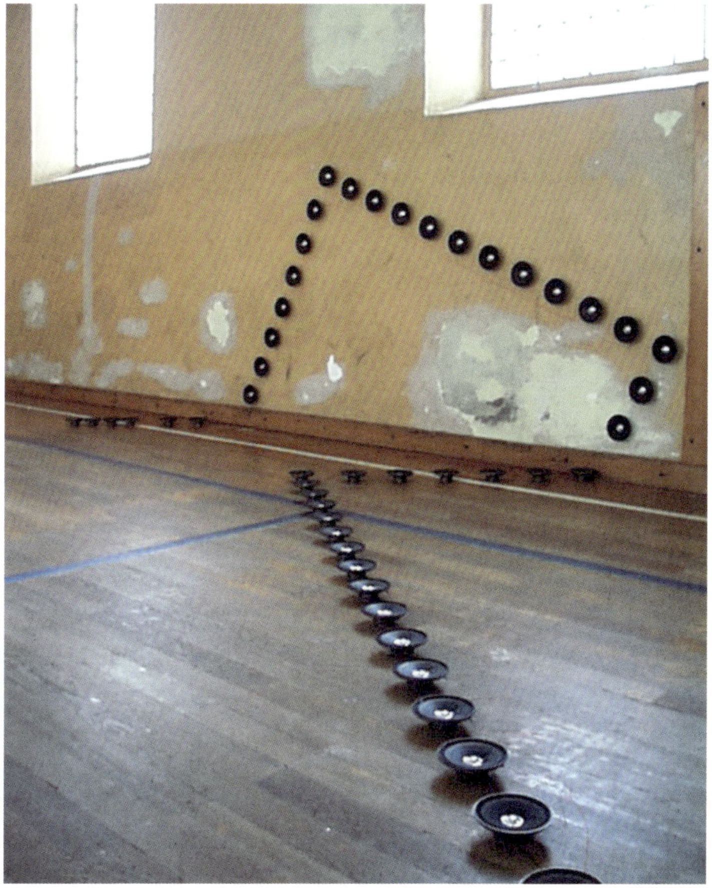

Linien

2003, Klanginstallation. Lautsprecher, Kupferlackdraht, Multiplayer, 4-Kanal Audio

Die am Boden und auf der Wand installierten Lautsprecher ziehen visuell Linien durch den Raum. Akustisch wandern rollende Kugeln durch das grafische Gebilde.

Lines

2003, sound installation. loudspeakers, copper wire, multiplayer, 4 channel audio system

Loudspeakers installed on the floor and wall draw lines through the room. Acoustically rolling spheres travel through the graphic structure.

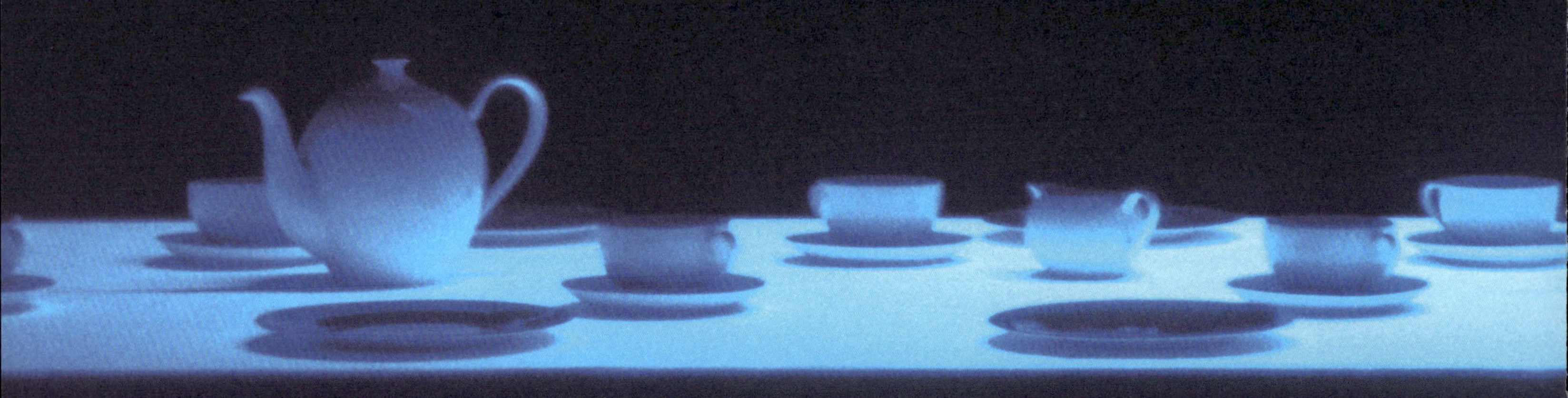

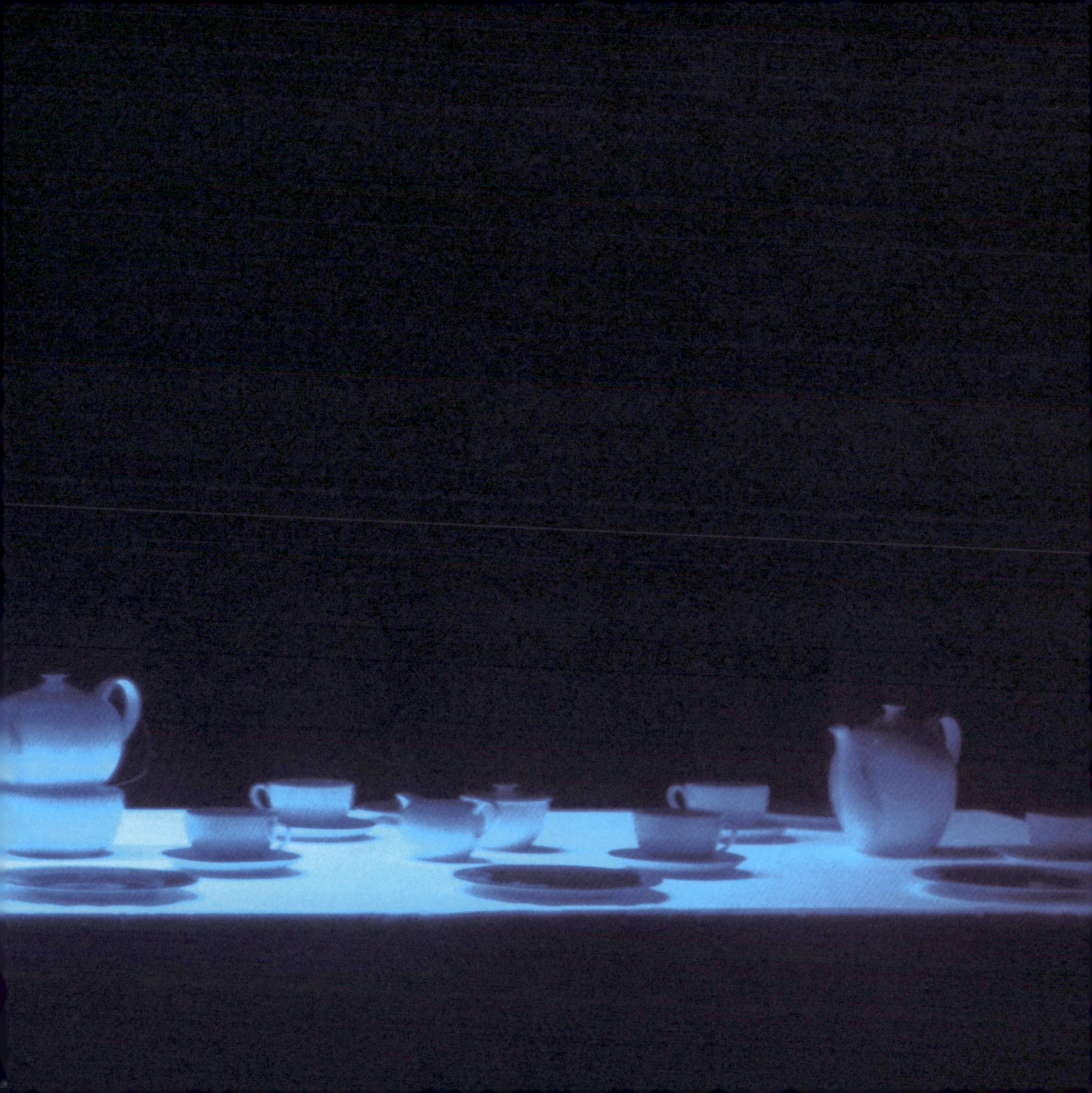

Schlafstimmen

2003, Klanginstallation. Molton, Teppich, Porzellan, Lautsprecher, Schwarzlicht, Litze, Tisch, 4-Kanal Audio, Raumgröße 14 x 7 x 4 m Text und Sprache Christian Loidl

Kunstpunker, Nürnberg

Schlafstimmen sprechen aus den Resonanzkörpern eines Tee-Services, mit der die scheinbar im Raum schwebende Tafel gedeckt ist, an der sich abwesende Gäste versammelt haben. Gesprochene Worte wechseln und überlagern sich, bilden zusammen mit den Geräuschen von Geschirr die Geräuschkulisse in einem fast vollständig dunklen Raum. Die Bezugsflächen des Raumes sind aufgelöst, Betrachter erfahren Orientierungslosigkeit im Dunkeln innerer und äußerer Räume.

Sleepvoices

2003, sound installation. Carpet, crockery, loudspeakers, blacklight, cable, table, 4 channel audio, molton, room size: 14 x 7 x 4 m text and voice of Christian Loidl

Kunstpunker, Nürnberg

Sleepvoices speak from the resonance chambers of a tea service laid out on a table which is apparently hovering in the room. The assembled guests are absent. Spoken words are exchanged and overlap. These sounds, together with the clatter of crockery, make a backdrop of sound in an almost completely dark room. The reference points in the room have dissolved, the observer experiences disorientation in the darkness of inner and outer spaces.

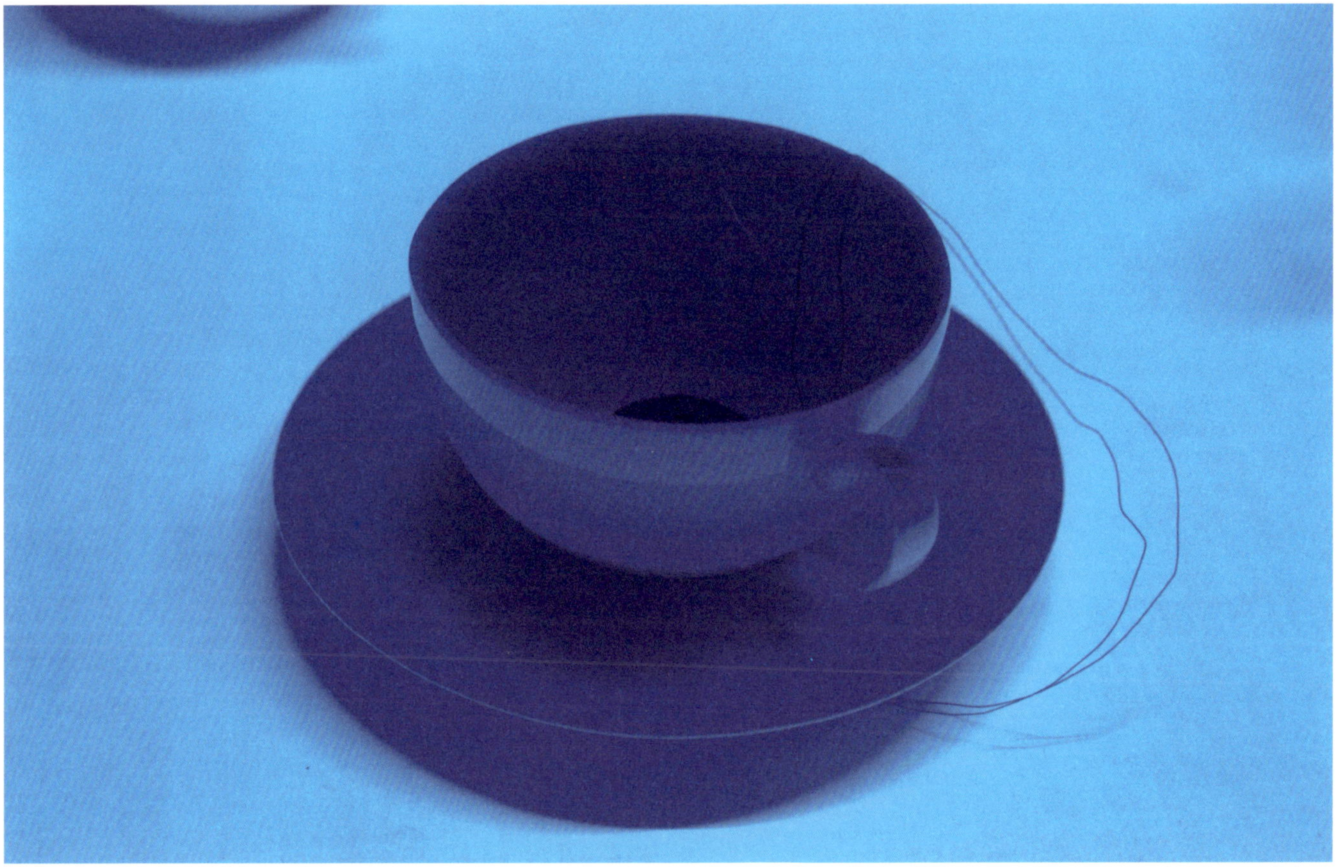

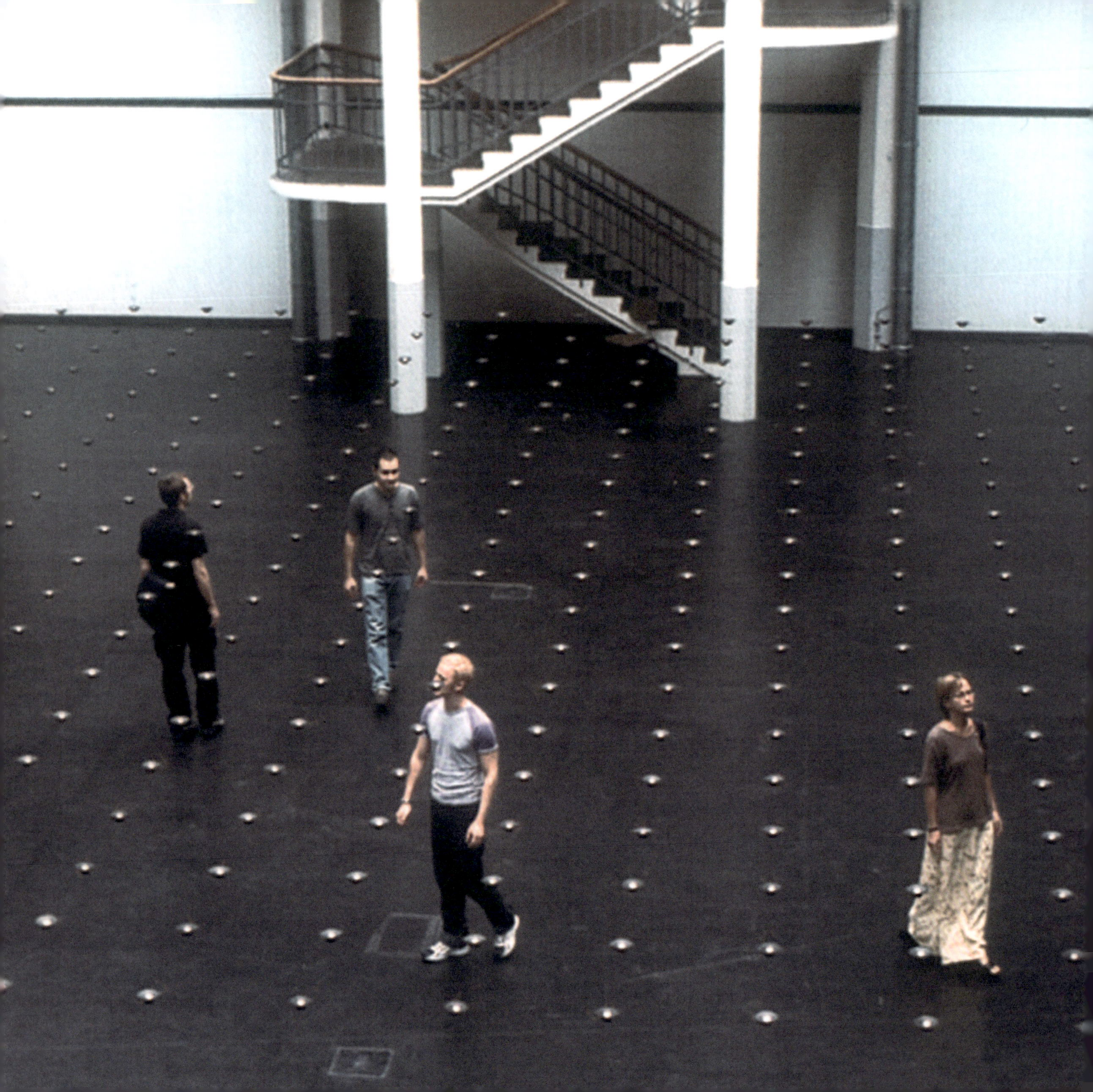

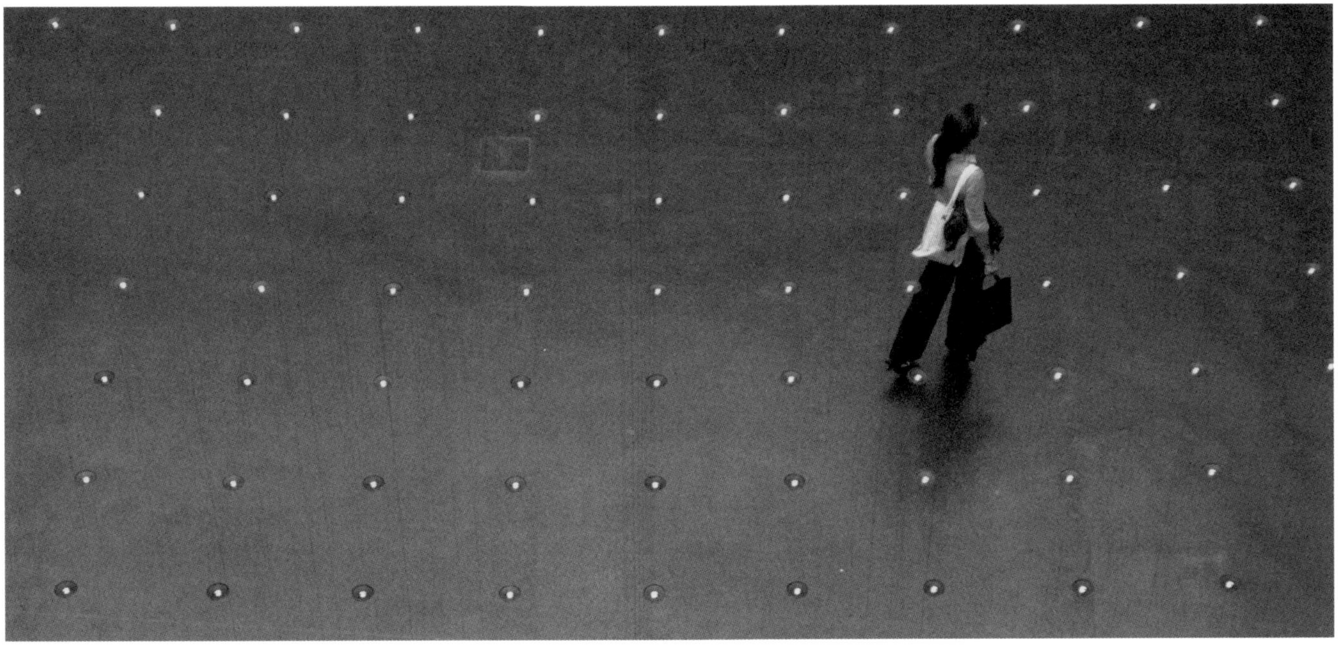

Styx

2002, Klanginstallation. 280 Lautsprecher, Kupferlackdraht, 20-Kanal Klangkomposition, 12 x 8 x 12 m.

HfG/ZKM Karlsruhe, Lichthof

280 Lautsprecher hängen in Rasterform an fast unsichtbaren Kupferlackdrähten auf Ohrenhöhe von der Decke ab. Die Drähte und Lautsprecher bilden eine schwebende Kubusform. Ihr sind 20 Klangflächen zugeordnet, die eine horizontale Ebene in den Raum darstellen. Jede Fläche hat einen gleichbleibenden, eigenen synthetischen verdichteten Ton, der sich von Gruppe zu Gruppe leicht verändert. Die langsamen Verschiebungen des Geräuschgeflechtes können vom Publikum erwandert werden.

Styx

2002, sound installation. 280 loudspeakers, copper wire, 20 channel sound composition, 12 x 8 x 12 m.

HfG/ZKM Karlsruhe, Lichthof

280 loudspeakers hang at ear level in grid form from the ceiling on almost invisible enameled copper wires. The wires and loudspeakers form a floating cube shape. The cube is assigned 20 sound surfaces, which constitute a horizontal plane in the room. Each surface has its own individual synthetic condensed sound that varies slightly from group to group. Visitors perceive the slow shifts of the sound network as they stroll around.

Licht-Klanginstallation

2001, Molton, Teppich, 4 Lautsprecher, Miniaturglühbirnen, Computeranlage, Audioequipment, 4-Kanal Komposition, Raumgröße 10 x 8 x 4 m.

In einem fast dunklen Raum sind unzählige Miniaturglühbirnen installiert. Diese schwach, langsam fluktuierenden Lichtpunkte existieren als einzige Orientierung im Raum. Die Leuchtintensität bestimmen verschiedene Klangspektren. Zu hören sind diese Klänge aus 4 Richtungen, die tausendfach in ihrer Zeitachse überlagert sind. Es entsteht dadurch ein dichter Raumklang, melodiöses Rauschen eingefroren in der Zeit.

Light-sound Installation

2001, molton, carpet, 4 loudspeakers, light, computer, electronic equipment, 4 channel composition, room size 10 x 8 x 4 m.

Countless miniature light bulbs are installed in an almost completely dark space. These faint and slowly fluctuating points of light provide the only orientation. The light intensity is determined by various sound spectra. The sound, whose time axis is layered thousandfold, is heard from four directions. The result is a dense sound, a melodic rustling, frozen in time.

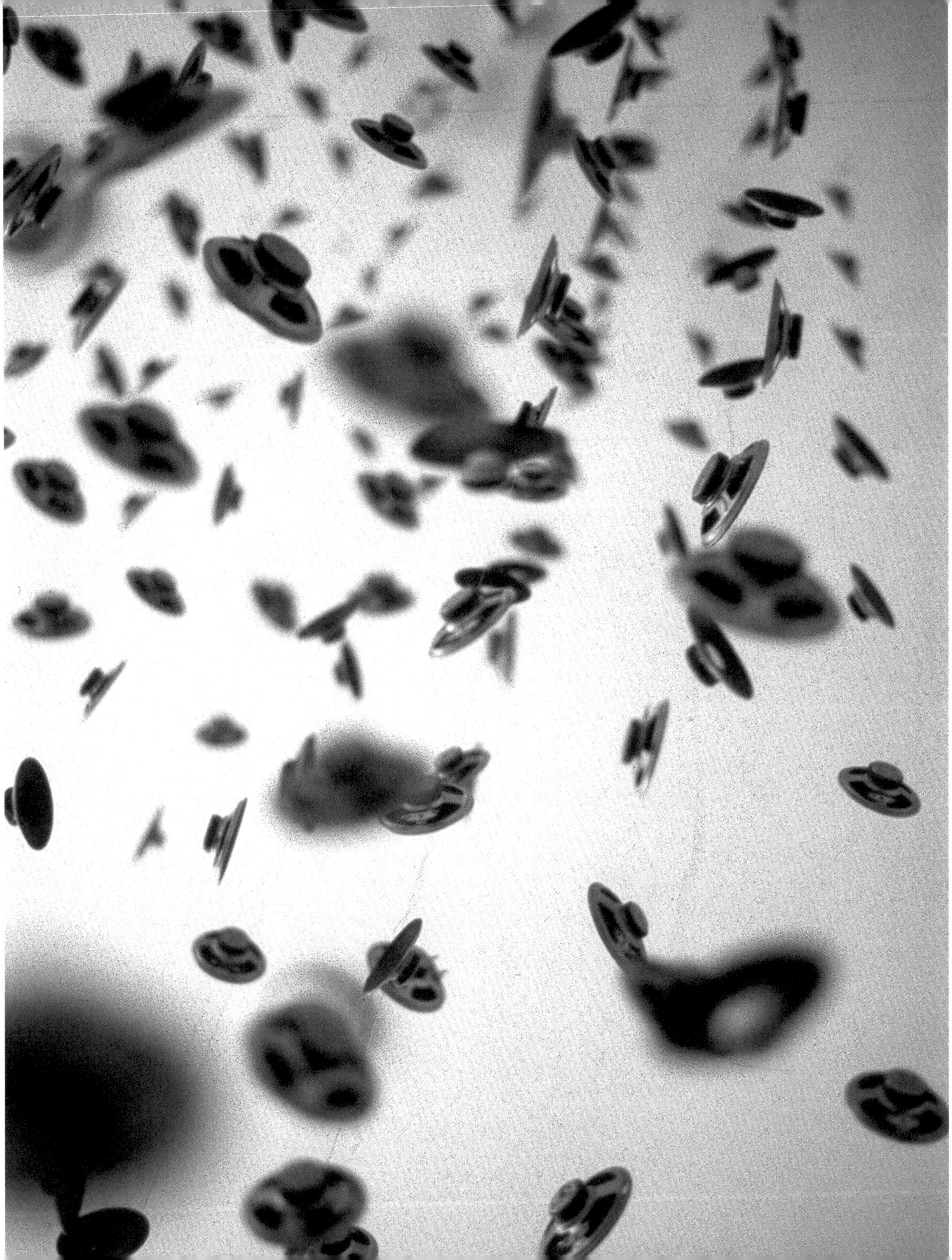

Mobile

2000, Klanginstallation. Kalottenlautsprecher, Kabel, Radio, ø 1,90 m, Höhe 5,80 m

Aus den Lautsprechern tönen festgehaltene Störgeräusche eines Weltempfängers.

Mobile

2000, sound installation. Loudspeakers, cables, radio, ø 1.90 m, height 5.8 m

Loudspeakers emit noises captured from a shortwave receiver.

Phones

1999, Klanginstallation. Telefonhörer, Kabel, Audioequipment, 20-Kanal Komposition, 11,50 x 7,15 x 3,40 m

Akademie der bildenden Künste Wien

In pulsierenden, wellenartigen Bewegungen breiten sich Stimmen durch die Telefonhörer im Raum aus.
Eine vierspurige Wortcollage wird durch ein Multiplexsystem in zwanzig Gruppen zerlegt.

Phones

1999, sound installation. Telephone receivers, cables, electronic equipment, 20 channel composition, 11.50 x 7.15 x 3.40 m

Akademie der bildenden Künste Wien

Voices spread into the room through telephone receivers in pulsating, wavelike movements.
A four-track word collage is broken down into twenty groups by a multiplex system.

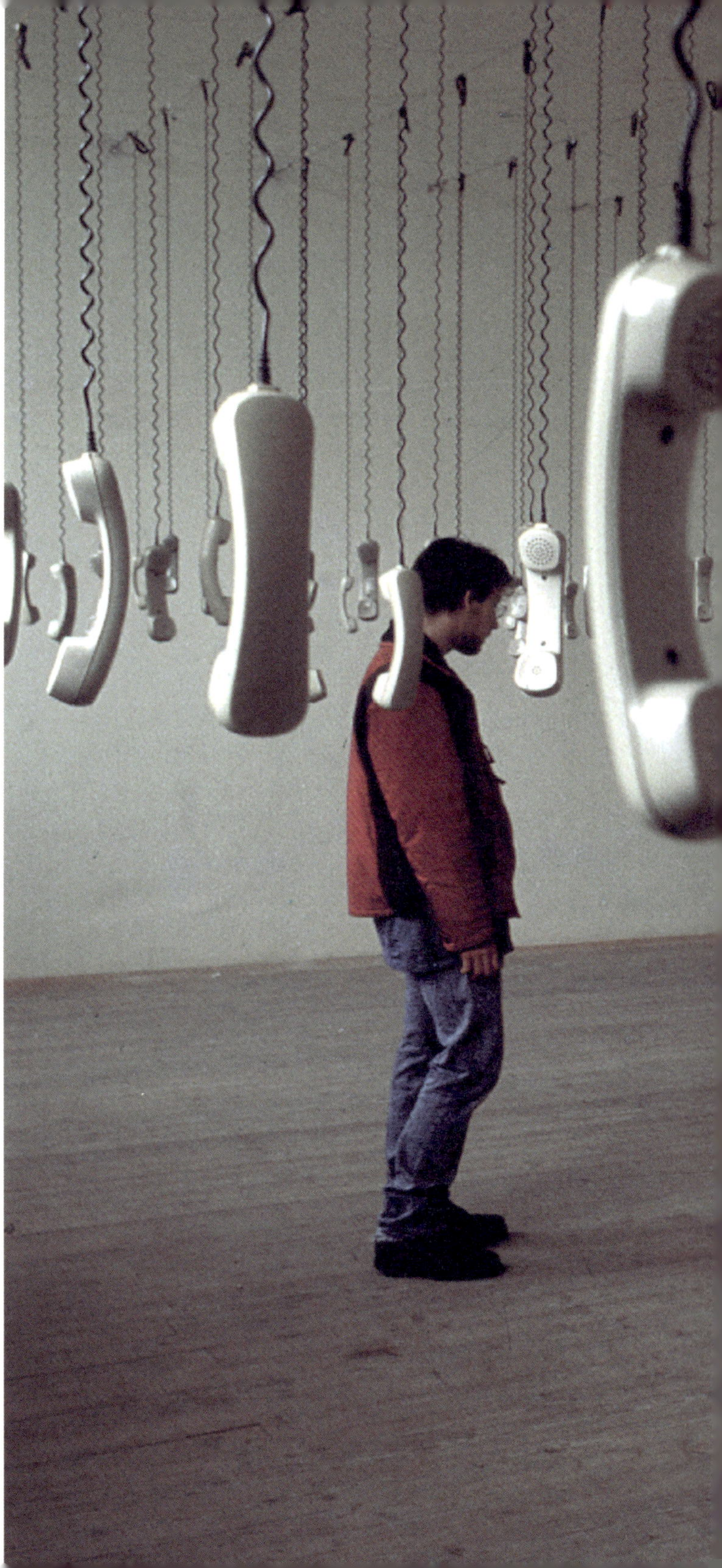

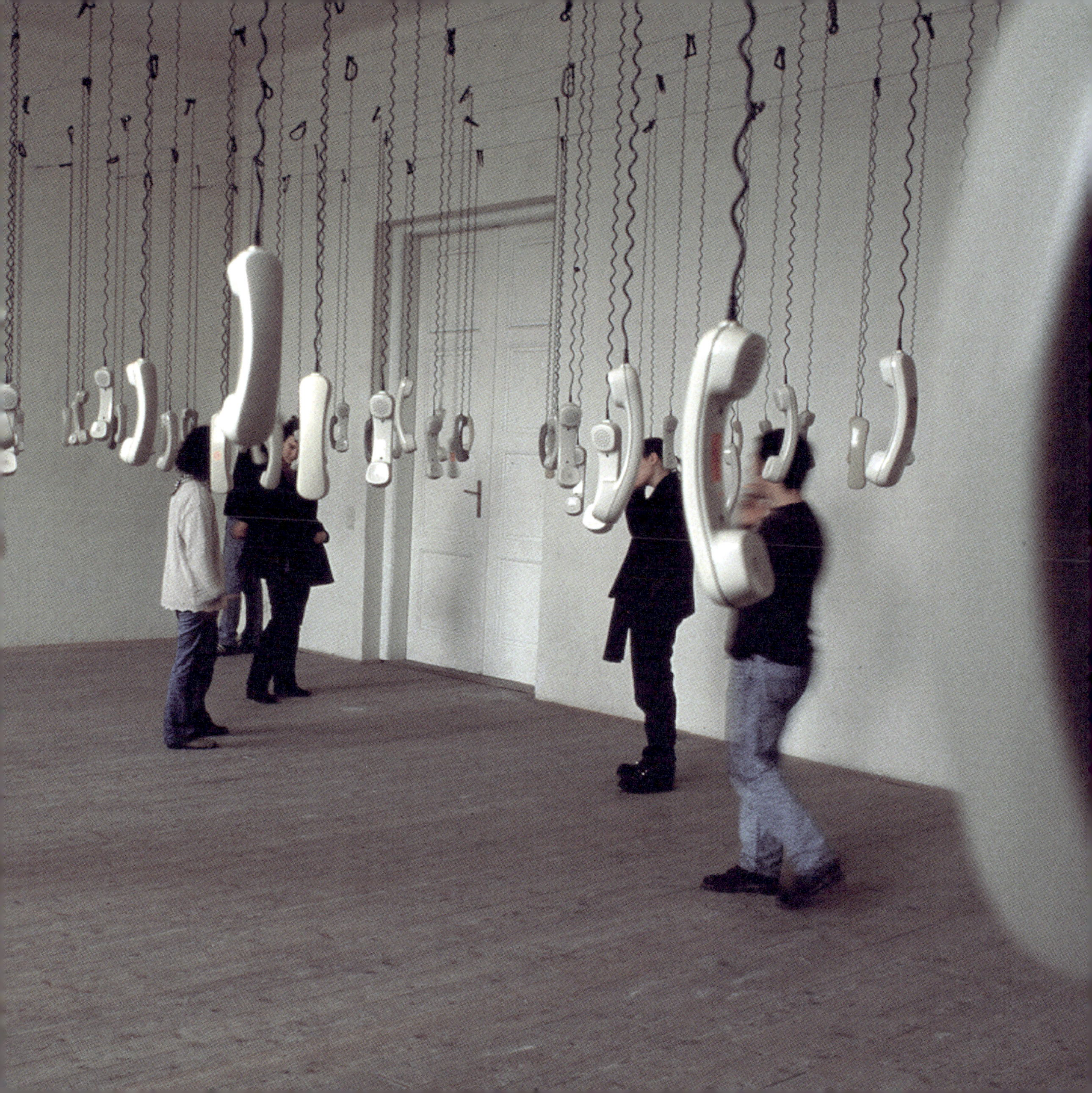

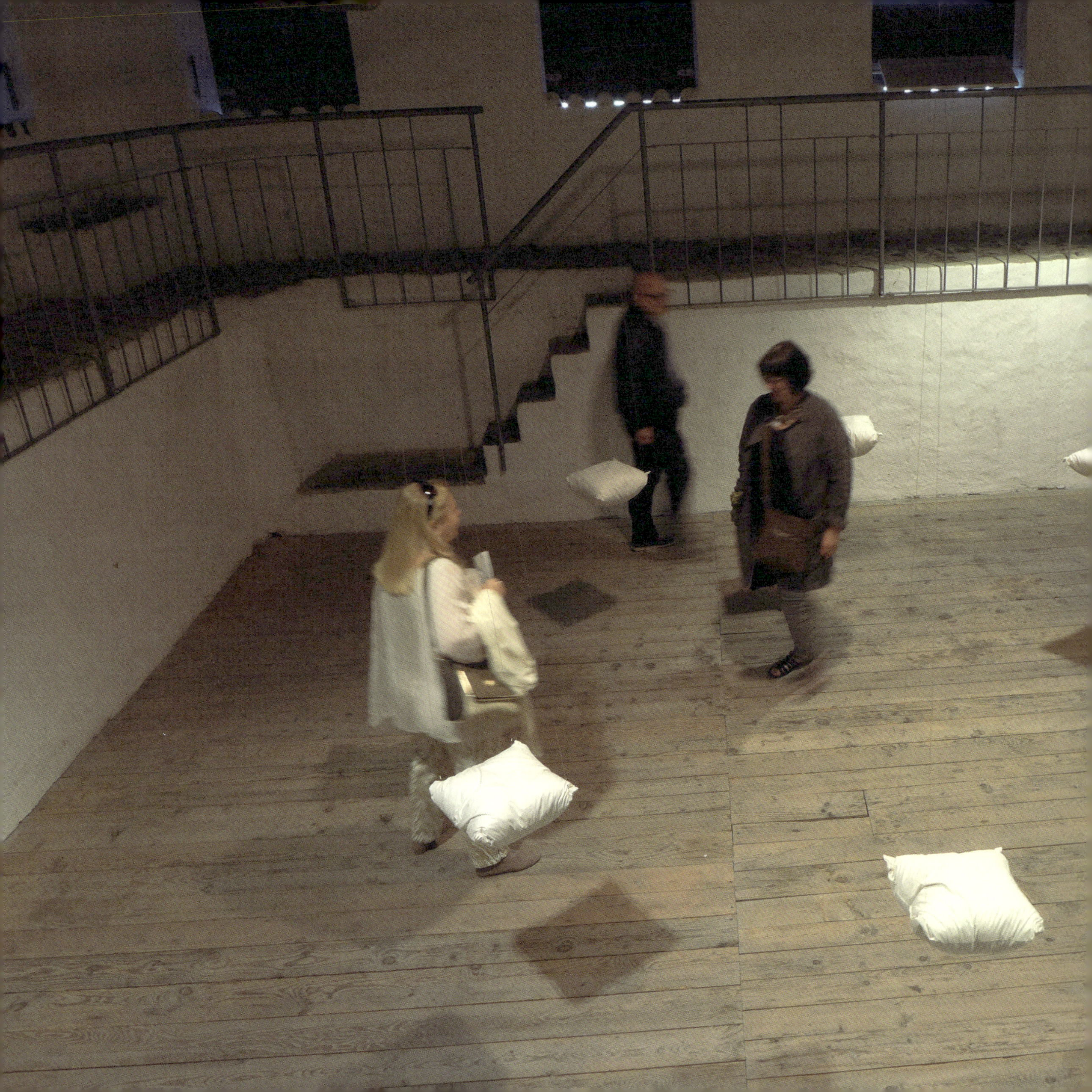

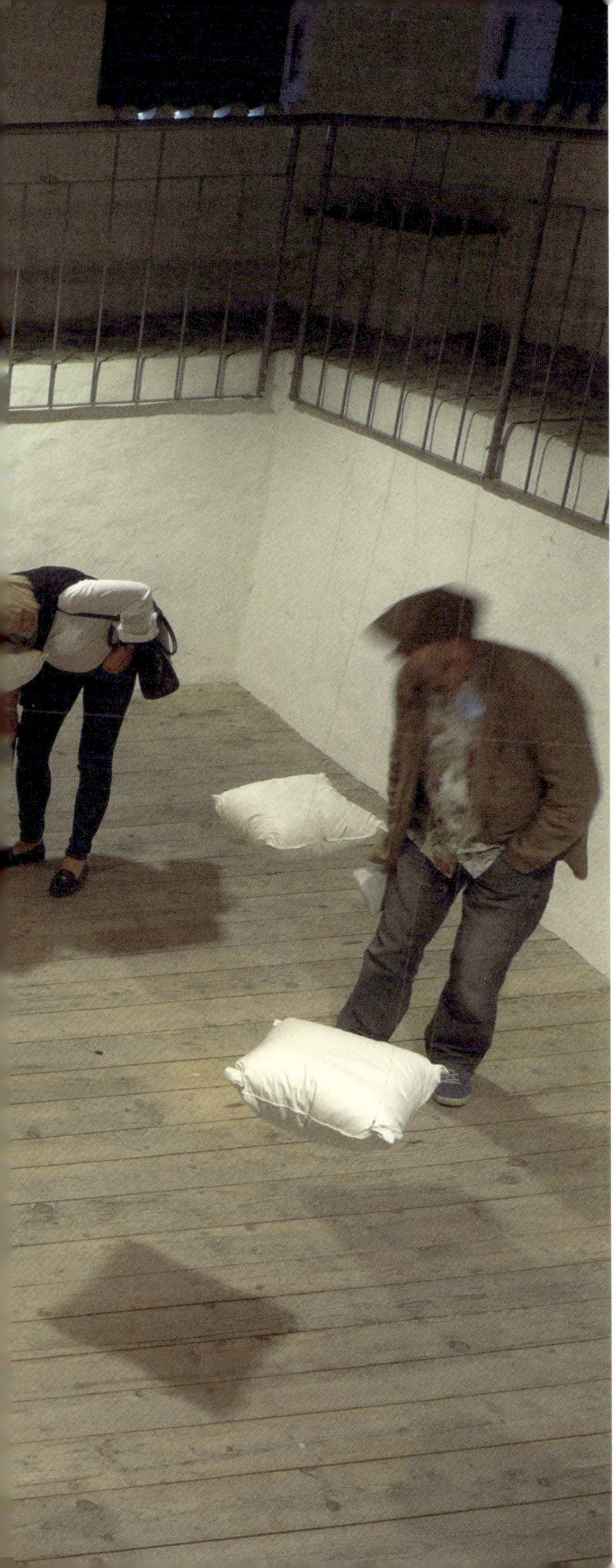

Mephisto

1999, Klangskulptur. Lautsprecher, Kupferlackdraht, Audioanlage, 8-Kanal Komposition, ø 3,50 m Höhe 0,95 m

Schloss Werdenberg, Schweiz

Ein Klangkreis von acht Lautsprechern schwebt im Raum.
Als Klangkomposition wird eine achtspurige minimalistische Form verwendet.
Das Material sind acht schnurrende Katzen.

Mephisto

1999, sound sculpture. Loudspeakers, copper wire, audio system, 8 channel composition, ø 3.5 m Height 0.95 m

Schloss Werdenberg, Switzerland

A circle of sound from eight loudspeakers hovers in the room.
An eight track minimalist content is used.
The material is eight purring cats.

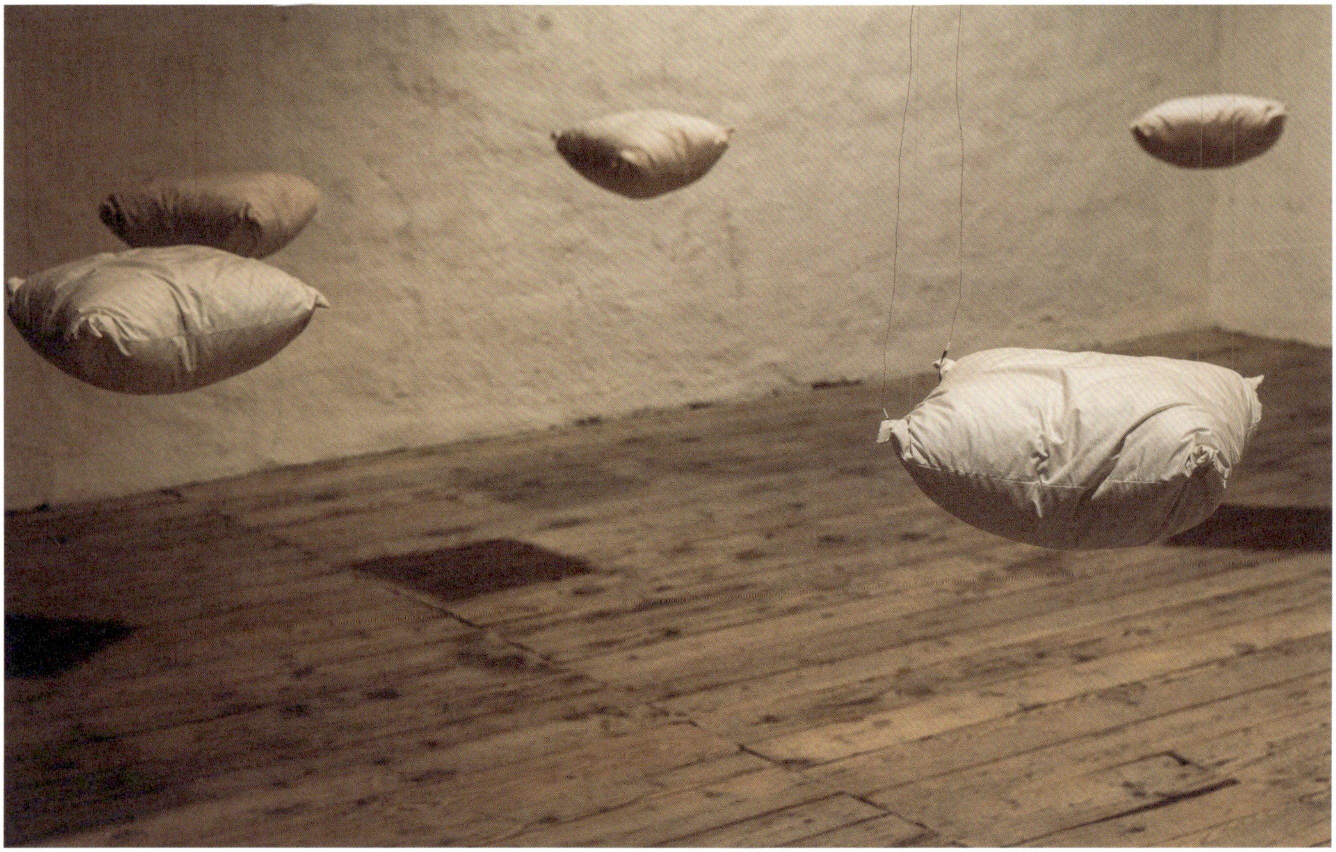

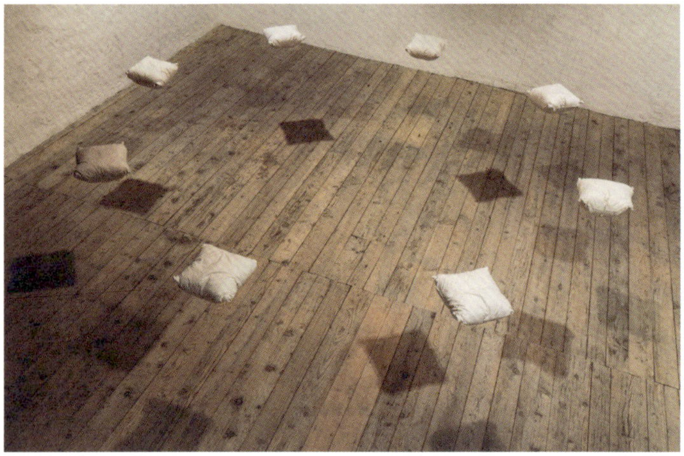

Text: Reiner Zettl

Mephisto

Stimmen und Körper machen den Raum aus. Acht Kissen hängen in einem Kreis. Ungefähr hüfthoch an fast unsichtbaren Schnüren von der Decke abgehängt, definieren sie eine zweite horizontale Ebene.
Die Kissen enthalten Lautsprecher, die durch ein schnarrendes Geräusch vor oszillierendem Hintergrund akustisch aktive Zonen um die Kissen erzeugen. Die Künstlerin benützt für ihre mehrspurige minimalistische Komposition Tonbandaufzeichnungen aus ihrer vertrauten Umgebung, die sie verfremdet und mehrfach übereinander legt.
Das Schnurren ihres Katers Mephisto gibt der Arbeit den Titel. Es geht um Gegenstände aus der Realität, die im neuen Kontext Galerie fast exemplarisch verschiedene Beziehungen auf ihre Herkunft vorführen.
Die Kissen entsprechen in Dimension und Anmutung realen Kissen, öffnen sich jedoch im Verlust ihrer Funktionalität durch die Lage im Raum vielen Annäherungen.
Gewinnen dabei, trotz Vielzahl und strenger Anordnung, die einzelnen Objekte an Autonomie, so verleiht die zusätzliche Stimme fast lebendige Selbstständigkeit.
Wir haben synästhetische Wesen vor uns, deren Wesensmerkmale in sehr verschiedener Art zusammengesetzt sind: Das Kissen ist weich wie eine Katze, es ist aber auch der Ort der schnurrenden Katze. Das Kissen entspricht unserem Vorstellungsbild einer Wolke, und wie diese schwebt es über der Erde, dem Boden.
Schnüre halten die vom Ton getragenen Kissen, die schnurren, doch nicht so, dass man reale Katzen in ihnen vermutete: Die Geräusche sind mechanischer und die Kissen sind einander ähnlicher, als man das für Katzen gewohnt ist.
Weichheit und Schweben, Wolke und Katze erscheinen fast wie allgemeine Qualitäten in diesem Raum, sind unterscheidbar und machen doch eine neue Einheit aus, konstituieren eine Situation in der Zeit.

Mephisto

Voices and bodies make up the space. Eight cushions hang in a circle. Suspended from the ceiling at around hip level by practically invisible threads, they constitute a second horizontal plane.
The cushions contain loudspeakers which produce acoustically active zones around the cushions, by means of a rasping sound in front of an oscillating backdrop. The artist uses recordings from her own familiar environment, altered and many times layered, for her multitrack minimalist composition.
The elements are real things, which, in the new Kontext Galerie, reveal in an almost exemplary way various relations with their origins.
In size and appearance the cushions are like real cushions, but by losing their functionality because of the position they occupy in space, they open many different ways of seeing them. Despite their number and strict arrangement, the individual objects gain in autonomy. The additional voice lends an almost lifelike independence.
We are looking at synaesthetic beings, whose essential characteristics are made up of very varied factors: the cushion is soft like a cat, but it is also the place of the purring cat. The cushion looks like what we expect of a cloud, and it floats, cloud-like, over the Earth – the floor.
Strings support the cushions, which are carried by sound, and which purr, but not in such a way that one would believe there are real cats inside: the sounds are more mechanical and the cushions are more similar to each other than we are used to with cats.
Softness and floating, cloud and cat, these things almost seem like general characteristics in this space; they are different, and at the same time they constitute a new unity, a new situation in time.

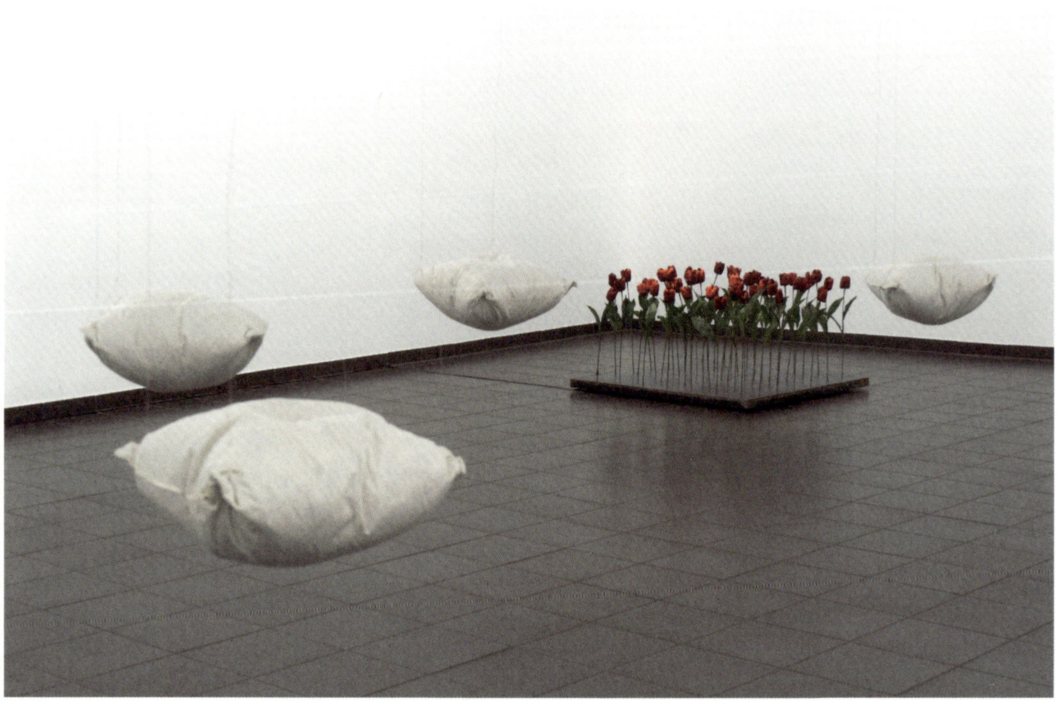

Flüsternde Tulpen

1998, Klangobjekt. Wortkollage, künstliche Blumen mit eingebauten Lautsprechern, 110 x 110 x 60 cm

Aus den einzelnen Blütenkelchen flüstern Stimmen: „Lass mich raus".

Whispering tulips

1998, sound object. Word collage, synthetic flowers with built-in loudspeakers, 110 x 110 x 60 cm

Voices whisper from within each flower: 'Let me out.'

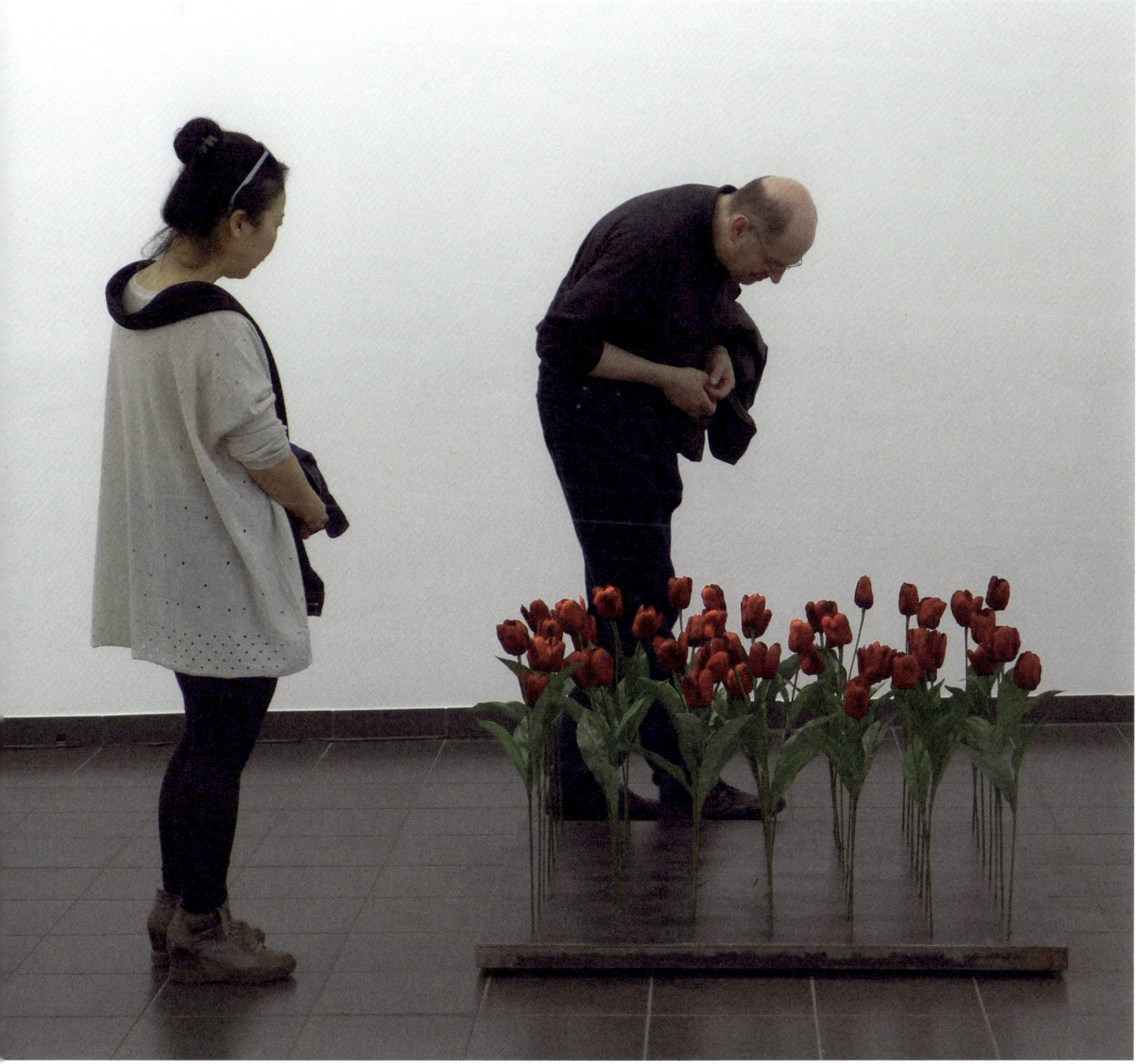

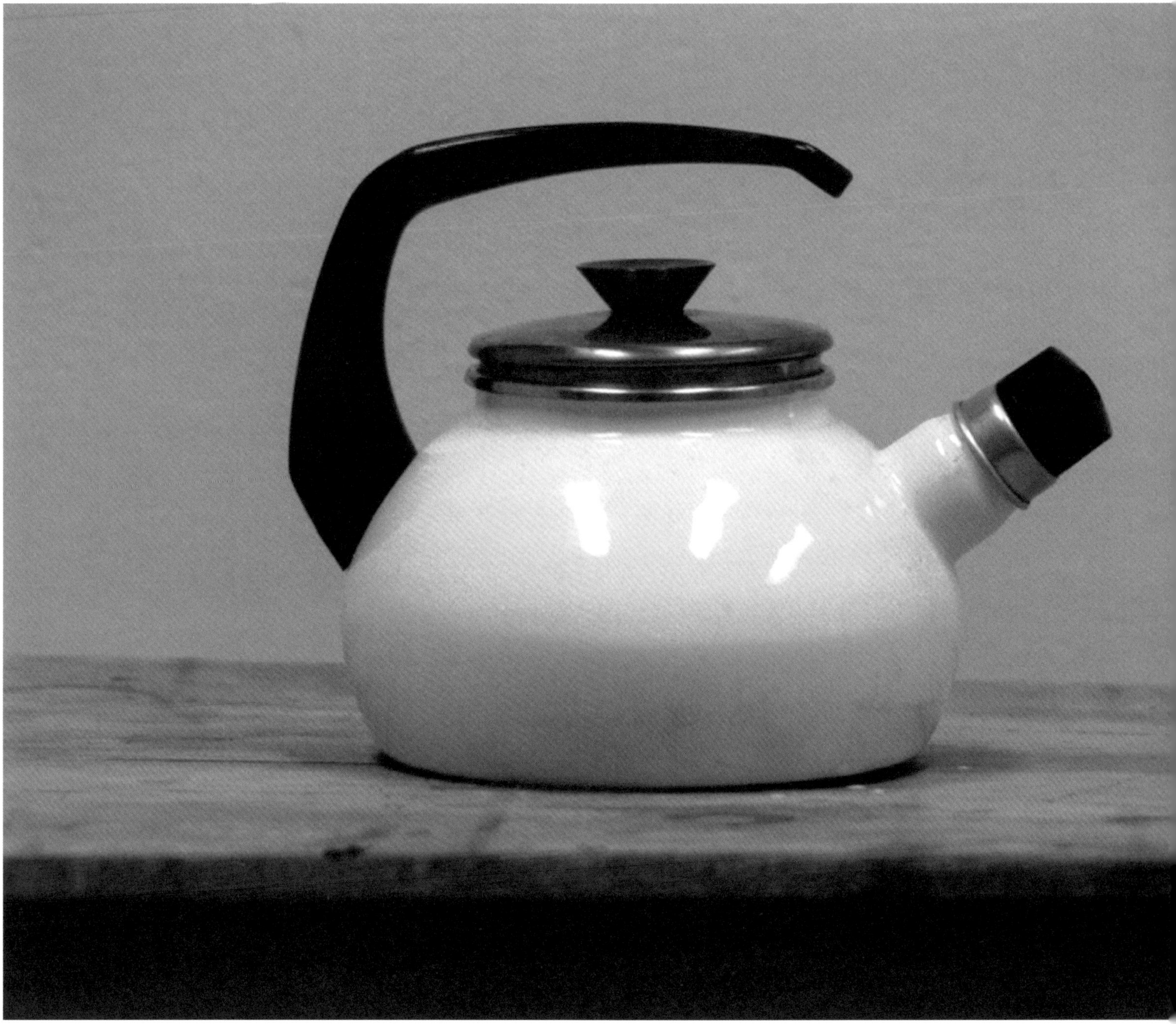

Singraum im Kessel

1997, Klangobjekt

Aus dem Inneren des Kessels singt es.

Singing space in a kettle

1997, sound object

Singing emerges from inside the kettle.

BIOGRAFIE

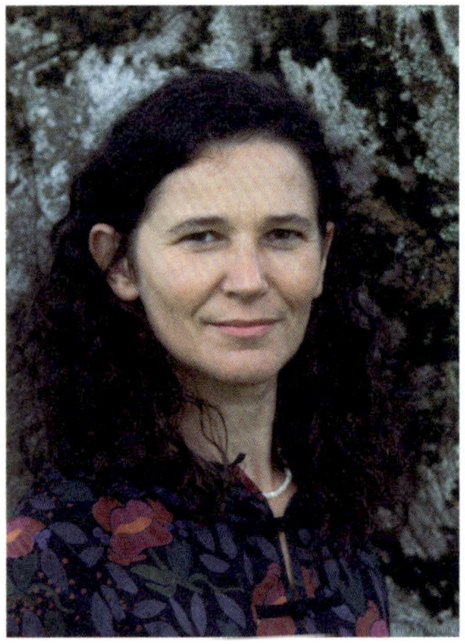

*** 1967 Haßfurt, Deutschland.**
Lebt und arbeitet freischaffend in Graz.

1994-2001	Studium an der Akademie der bildenden Künste Wien, Nürnberg Diplom mit Auszeichnung, Mag.ª, Bildhauerei, Bruno Gironcoli, Meisterschülerin von Diet Sayler
2001-2003	Postgraduales Studium der Medienkunst, HfG, Karlsruhe, bei Ulay, Michael Saup
2002-2006	Künstlerische und wissenschaftliche Mitarbeiterin, Objektbildhauerei an der Akademie der bildenden Künste Wien, Bruno Gironcoli, Manfred Pernice

Stipendien

2021	Residenzstipendium für Musik und darstellende Kunst, bmkoes Wien
	Artist in residence, Altes Spital Solothurn, Schweiz
2020	Artist in residence, sound lab IMA/LAMES, St. Pölten
2019	Auslandsstipendium der Stadt Graz, Russland, Mongolei, China
2016	Arbeitsstipendium Schloss Werdenberg, Schweiz
2015	Artist in Residence, Kunsthalle Arlberg 1800
2015	Atelierförderung der Stadt Graz
2013	Arbeitsstipendium für Bildende Kunst, Stadt Graz
2012	Atelier-Auslandsstipendium des Landes Steiermark, Istanbul
2011	Katalogförderung der Stadt Graz, des Landes Steiermark, BMUKK
2010	Atelierstipendium des Landes Steiermark, Rondo Graz
	Auslandsstipendium des Landes Steiermark, Berlin
2008	Stipendium des Landes Schleswig-Holstein, Lübeck
2006	Stipendium im Künstlerdorf Schöppingen
2003	Arbeitsstipendium Neuenburg
1999	Stipendium für Medienkunst an der HfG, ZKM, Karlsruhe
1998	Stipendium vom Bundesministerium f. Wissenschaft u. Verkehr, Wien

Preise, Auszeichnungen, Sammlungen

2022	Sammlung Land Steiermark
2019	Sammlung Bundeskanzleramt Kunst u. Kultur, Artothek Wien
2018	Sammlung Land Steiermark
2017	Sammlung Kulturamt der Stadt Graz
2015	Sammlung KULTUMdepot, Kulturzentrum bei den Minoriten, Graz
2001	Würdigungspreis vom Bundesministerium f. Bildung, Wissenschaft u. Kultur, Wien
	Artothek des Bundeskanzleramtes Wien
2000	1. Preis Kunst am Bau, LKH Klagenfurt
1999	Meisterschülerin von Diet Sayler, Akademiepreis, Nürnberg
1998	Preis der Dannerstiftung
1997	Klassenpreis Akademie der bildenden Künste, Nürnberg

Ausstellungen, Auswahl

2023	**Bildraum Bodensee**, Bregenz
2022	**silent sound**, Kunstraum Nestroyhof, Wien
	akustische Interventionen, mit Lisa Hopf, Dualismus des Meeres, KiG, Graz
	Sympoietic Symphony, Klangmanifeste Lindabrunn/Wien
2021	**Intraregionale**, Klangkunstfestival Region Hannover
	Walk the line - walk the sound, Kultur in Graz
	ABRISS - A. Barsuglia und die Sammlung der Stadt Graz
	the sound within, Künstlerhaus S11, Solothurn
2020	**In der Schwebe**, Galerie Rotor, steirischer Herbst Graz
	PARQUE DEL iSOLation, Soundpicknick IMA/LAMES, St.Pölten
	Jaja neinnein vielleicht, RischArt Projekt, Gasteig München
2019	**POESIS**, Sprachkunst, Galerie Kunsttempel, Kassel
	ZwischenTonArt, Akademie Schwerte
2018	**Schönheit und Anspruch**, Stift Admont
	Astramel, achtmal alte Brüderkirche, Konzertinstallation/Performance mit Olaf Pyras, Kassel
2017	**sounding objects**, MAERZ Galerie Linz
	change, periscope, Salzburg
	Maschinen Objekte Obsessionen, Kulturpalast Anwanden, Nürnberg
2016	**Häutungen**, Schlossmediale Werdenberg, Schweiz
2015	**High Performance**, Kunsthalle Arlberg1800
	breathing space, Kunstverein Marburg
	KlangLand 15, HeimatKlang, Galerie Kunsttempel, Kassel
	Shifting Constellations, Kultum bei den Minoriten, Graz

2014	**Connecting Sound etc.**, freiraum quartier21 INTERNATIONAL, MQ Wien
	Nachhall, Klangland 14, Galerie Kunsttempel, Kassel
	Walk the line - walk the sound, Kunst im öffentlichen Raum, Kultur in Graz
2013	**Die fernen Hügel sind grün**, Akademie Graz
	Sfumato, Kultur in Graz
	darüber hinaus, Kunst im öffentlichen Raum, KunstGarten, Graz
	reset the space, Kultur in Graz
2012	**sounding**, Raum und Klang, Villa Dessauer, Kunstverein Bamberg
	Amber - art and technology platform Istanbul
	NOUS, Konzertinstallation, Museum der Wahrnehmung, Graz
	Listening Comprehension, paraflows_6, Wien
2011	**Simorgh**, mit Gerda Enk, Spitäle Würzburg
	take your time, ESC Labor, Graz
2010	**Klangland 10**, Galerie Kunsttempel, Kassel
	Singraum im Kessel, IMA, Institut für Medienarchäologie Hainburg
	Talking Landscapes, Kunst im öffentlichen Raum, Lendspiel Klagenfurt
	Mindspace, ESC Labor, Aktuelle Kunst in Graz
2009	**Sprachspiele** Poesiefestival Berlin, Akademie der Künste
	Touch this Sound, musikprotokoll 09 steirischer Herbst, Graz
	„Dass es so weitergeht, ist die Katastrophe!" ESC Labor, steirischer Herbst, Graz
	Klangland 09, Galerie Kunsttempel, Kassel
2008	**Ausstellung Galerie Livio Nardi**, Nürnberg/Rom
2007	**Schlechte Brille**, Kunsthaus Essen
2006	**Langsame Augen**, Nürnberger Haus Krakau
	Zeitinseln, Konzertinstallation/Performance mit Susanne Kirchner, MAK, Wien
2004	**Klang Performance**, Festspielhaus Hellerau, Dresden
2003	**positionen + tendenzen**, Kunstbunker Nürnberg
	....zum Raum, Klangskulptur, Galerie Hofstätter, Wien
	Langsame Augen, Ausstellungshalle, Akademie der bildenden Künste Nürnberg
2002	**Styx**, HfG/ZKM, Karlsruhe
	passive action, **active patience**, ohne Ton, Performance mit Ulay, HfG/ZKM Karlsruhe
	Klasse Sayler, Galeriehaus Kunst im Gang, Bamberg
2001	**Hicetnunc**, San Vita, Italien
	nur, Kupferstichkabinett, Wien
	Klasse Sayler, Budapest, Universität der Bildenden Künste Wien
2000	**Große Kunstausstellung**, Haus der Kunst, München
	Soho in Ottakring, Wien
	I spy, Galerie 97/99, London
1999	**Phones**, Akademie der bildenden Künste, Nürnberg
1998	**umbral sonoro**, Museo de Arte Carillo Gil, Mexico City
	Hören ist Sehen, Goethe - Institut, Caracas, Venezuela
	Flüsternde Tulpen, Galerie Station 3, Wien

Radio

2022	Florian Neuner: Clara Oppel, **Innere und äußere Räume**, Deutschlandfunk Kultur, Neue Musik
2018	**on air - on line - on site Hommage für Heidi Grundmann, Sfumato**, Ö1 Kunstsonntag, Radio Helsinki Graz, USMA Radio San Marino und zeitversetzt auf CITR FM Vancouver
2010	**Topografische Laute**, Art's Birthday, ESC Labor Graz, Radio Helsinki, Kunstradio Ö1
2007	**Wer ist ich?**, Hörstück Kunstradio Ö1, ORF Wien
2006	**Floating Point**, Produktionsauftrag für das Kunstradio im Ö1, ORF Wien

BIBLIOGRAFIE

JAJA NEINNEIN VIELLEICHT, 2020 Ausstellungskatalog 15. RischArt_Projekt, S. 48-53

POESIS, Sprachkunst, 2019, Galerie Kunsttempel, Kassel, S. 92-93
ISBN 978-3-95978-078-0

GOTT HAT KEIN MUSEUM, NO MUSEUM HAS GOD, 2015, Verlag Ferdinand Schöningh GmbH, S. 878-879
ISBN 978-3-506-78241-0

wahr ist viel mehr, MUWA Graz, 2013, Ritter Verlag, S. 300-301
ISBN 978-3-85415-487-7

paraflows.6 Listening Comprehension, 2012, edition mono/monochrom, S. 42-43
ISBN 978-3-902796-04-2

Raum und Klang, Hrsg. Clara Oppel Katalog 2011
ISBN 978-3-200-02258-4

Große Kunstausstellung München Haus der Kunst, München 2000, Räume für die Kunst - Positionen, S. 124

Klasse Sayler, Hrsg. v. der Akademie d.B. K. Nürnberg, Katalog zur Ausstellung der Klasse Sayler im Barcsay-Saal der Uni.f.B.K. Budapest 2001, S. 98-101

Hicetnunc, Ressegna di Arte Contemporanea, Edizioni Biblioteca Dell Immagine, 2001, S. 40

positionen + tendenzen, Hrsg. Verlag für moderne Kunst Nürnberg Katalog zur Ausstellung, Kunst in Franken 2003, S. 106-107

IMPRESSUM

Erschienen im / Published by:
VfmK Verlag für moderne Kunst GmbH
Schwedenplatz 2/24
A-1010 Wien/Vienna
hello@vfmk.org | www.vfmk.org

ISBN 978-3-903439-58-0

Gedruckt in Graz / Printed in Graz

Vertrieb / Distribution
Europa / Europe: LKG, www.lkg-va.de
UK: Cornerhouse Publications, www.cornerhousepublications.org
USA: D.A.P., www.artbook.com

Druck / Print: Medienfabrik Graz
Auflage / Edition: 600

Autor:innen / Authors: Friedrich W. Block, Florian Neuner, Johannes Rauchenberger, Olaf Pyras, Sylvia Wendrock, Reiner Zettl

Übersetzung / Translation: Keith David Harris
Korrektorat / Proofreading: George Frederick Takis

Konzeption / Conception: Clara Oppel
Gestaltung / Layout: Stefanie Hödlmoser

Fotografie / Photo credits:

Daniel Ammann
Seite / page 43-45, 115-117

Angela Ankner
Seite / page 59, 91-93

Bernd Borchardt
Seite / page 28-30

Jürgen Brinkmann
Seite / page 26, 27

Dieter Haber
Seite / page 94, 118

KiG! Kultur in Graz
Seite / page 60

Berny Meyer
Seite / page 39

Gernot Muhr
Seite / page 4, 9, 13, 16, 32, 33, 64, 67, 84-87, 122, 128

Clemens Nestroy
Seite / page 64

Clara Oppel
Seite / page 18-25, 31, 34, 37, 38, 41, 47, 52, 53, 55, 61, 63, 69-83, 89, 97-110, 119, 120

Udo P. Leis
Seite / page 35

Werner Würtinger
Seite / page 113

Bibliografische Information der Deutschen Nationalbibliothek
Die Deutsche Nationalbibliothek verzeichnet diese Publikation in der Deutschen Nationalbibliografie; detaillierte bibliografische Daten sind im Internet über dnb.de abrufbar.

Bibliographic information published by the Deutsche Nationalbibliothek
The Deutsche Nationalbibliothek lists this publication in the Deutsche Nationalbibliografie; detailed bibliographic data is available in the Internet at dnb.de

Mit freundlicher Unterstützung von / With generous support from

ArsVersa Kunst-Stiftung, Freiburg, www.arsversa.de
Bildrecht, Bundesministerium Kunst, Kultur, öffentlicher Dienst und Sport, Das Land Steiermark, Stadt Graz, Otto Mauer Fonds.

ArsVersa

Bildrecht

Bundesministerium
Kunst, Kultur,
öffentlicher Dienst und Sport

GRAZ

Das Land Steiermark
Kultur, Europa, Sport

Otto Mauer Fonds

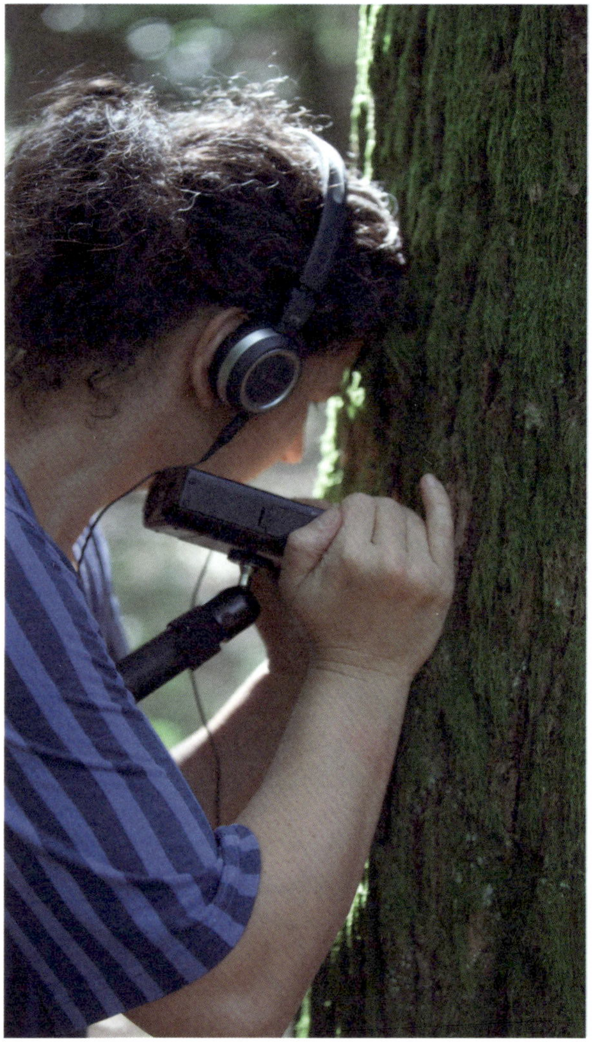

www.oppel.at